書館出版品預行編目資料

高本漢雅頌注釋斠正 / 李雄溪著. -- 初版. --
　臺北市：文史哲，民85
　　面；　公分. -- （文史哲學集成；368）
　參考書目：面
　ISBN 957-549-025-8 （平裝）

1. 詩經 - 評論

831.18　　　　　　　　　　　　　85007803

文 史 哲 學 集 成 ㊳⑧

高本漢雅頌注釋斠正

著　　　者：李　　　雄　　　溪
出 版 者：文　史　哲　出　版　社
登記證字號：行政院新聞局局版臺業字五三三七號
發 行 人：彭　　　正　　　雄
發 行 所：文　史　哲　出　版　社
印 刷 者：文　史　哲　出　版　社
　　　臺北市羅斯福路一段七十二巷四號
　　　郵撥〇五一二八八一二　彭正雄帳戶
　　　電話：（〇二）三五一一〇二八

定價新臺幣四二〇元

中 華 民 國 八 十 五 年 七 月 初 版

高本漢雅

李 雄

文 史 哲

文史出

鳴　謝

本書印行承蒙
單師周堯教授賜序、題籤
國立臺灣師範大學丁善雄教授襄助
謹此衷心致謝

序

　　四個月前，才替陳遠止同學的《書經高本漢注釋斠正》寫序；想不到四個月後，李雄溪同學的《高本漢雅頌注釋斠正》又囑序於余。而這兩本匡弼高氏的著作，又都由臺灣師範大學丁善雄教授推薦，由出版界素享盛譽的文史哲出版社出版。

　　香港大學的「高學」著作，尚未出版的，就餘下麥淑儀同學的「高本漢《左傳注釋》研究」。不過，淑儀已把她的著作加以撮寫，在1994年6月香港大學和美國史丹福大學聯合舉辦的第一屆左傳國際學術研討會中宣讀；研討會論文集，大概在今年年底付梓，淑儀的論文，也將隨之面世。

　　高本漢有關《雅》、《頌》的注釋，共有八百多條。雄溪認為值得商榷而加以訂正的，有八十二條。雄溪謙稱「旨在以燕石之瑜，補琬琰之瑕」，但對高氏這樣名重一時的學者，「《雅》《頌》注釋」這樣研精究微的著作，能夠剟其瑕礫，搴其蕭稂，使積蔽群疑，渙然冰釋，對《詩經》研究來說，實在是重大的貢獻。

　　高氏「《詩經》注釋」的優點，董同龢先生在《高本漢詩經注釋》中已詳加論述。高氏「《雅》《頌》注釋」的缺點，

雄溪經過深探竟討，用心推研後，歸納爲十項：（一）取捨各家說法，有過於主觀之處；（二）對歷來談《詩》者的意見有所誤解；（三）處理本義、引申義、假借義有所疏略；（四）忽視上下文的連繫；（五）不明古代禮節民俗；（六）不諳古漢語語法；（七）忽略《詩》的修辭效果；（八）徵引例證有欠全面；（九）沒有詳細考核《詩》旨；（十）過於輕視古代字書在訓詁學上的作用。凡是讀過本書的人，都會同意這是詳稽博辨，覃思研精所得的結論。

　　本書是雄溪的博士論文。雄溪的碩士論文，題目是「朱駿聲《說文通訓定聲》研究」。在撰寫其碩士論文時，雄溪於文字形、音、義三方面的研究，已奠下深厚的基礎，因此，到了撰寫博士論文，也就能夠縱橫旁達，卓然有見了。

　　雄溪的碩士論文，現正由香港商務印書館出版，相信一兩個月內就可面世；而他的博士論文，又將付諸剞劂。雄溪秉性敦厚，一向熱心助人；相信凡是認識他的人，都會爲其著作相繼出版而感到高興。

　　　　　　　　　　1996年6月文農單周堯序於香港大學

高本漢雅頌注釋斟正

目　錄

導　論

　　高本漢（Klas Bernhard Johannes Karlgren， 1889-1978），
瑞典人，1909年畢業於烏布沙拉大學（ University of
Uppsala），曾任哥德堡大學（University of Gothenbury）教授、
校長、遠東考古博物館（ The Museum of Far Eastern
Antiquities）館長。高氏對中國學問的研究，以語言學作爲起
點。大學畢業後，他爲了探本尋源，作實地的語音考察，不惜
離鄉別井，親到中國各地進行方言的調查。回國後，他利用這
些材料寫成了極有份量的中國音韻學巨著：《中國音韻學研
究》（ Etudes sur la phonologie Chinoise），並憑此取得博士學
位。此後高氏畢生從事中國古籍、語言、古文字的探究，著作
等身，獲得驕人的研究成果。高氏是本世紀最重要的漢學家之
一，是人所共知的事實。

　　在1944及1946年，高氏於《遠東博物館館刊》（Bulletin of
the Museum of Far Eastern Antiquities）發表了有關《詩經》中
的《雅》和《頌》的注釋（ "Glosses on the Siao ya odes"），

（ "Glosses on the Taya and Sung odes" ）。①連同在1942年在同刊發表的《國風》注釋（ "Glosses on the Kuo feng odes" ）②，高氏對《詩經》作了完整而深入的探釋。董同龢將此三文結合成書，譯成中文，題為《高本漢詩經注釋》，於1960年出版③。本書以高本漢《雅》、《頌》注釋為研究對象，原因如下：

第一，高本漢的《詩經注釋》是學術價值極高的著作。高氏的做法是抽出有異解的詩句，特別針對一些難字，爬梳整理，或評議眾說，或提出新見。高氏的《詩經注釋》，肯定是「詩經學」中不可或缺的參考書籍。值得特別提出的是，高氏認為歷來說《詩》者或囿於時代，或限於識見，皆有其不盡人意之處④。以下列舉他對一些重要注家的意見，他批評漢代注家說：

> 「毛氏的《詩傳》，大致都是經文字句的注釋。只在很少的時候，才有整篇詩的意旨的解說，或者是作《詩》的時代背景的敘述（指出《詩》的作者和《詩》中牽涉到的史蹟）。凡這一類的解說，差不多都不脫漢代的書生說教的氣派，以為所有的《詩》都是讚美天子、王后，或諸侯的，又或者是譏刺侯國中種種道德的衰敗的。韓魯齊三家比

《毛傳》這一方面說法更多。因此，我們可以說：
書生說教式講《詩》，在西漢晚期當已流行。其
實，我們常常可以看到：在很早的時期，例如在
《左傳》和《國語》的記載中，許多人已經在引
《詩》說教，把《詩經》作種種牽強附會的解說
了。這種風氣，後來就形成了衛宏的全盤書生說教
式的解《詩》。……大學者鄭玄（200 A.D.）作
《毛詩箋》，把毛氏的《傳》和衛宏的《序》融合
在一起。衛宏本來是根據《毛詩》的，只在少數地
方才用三家或其他傳注的說法而與毛氏不同。所以
大體上，鄭氏總是以毛和衛的意見為據，而加以充
分的發揮。」⑤

他又批評南宋朱熹說：

「當他面臨難講的字句的時候，他就完全不顧
訓詁學的方法，毫無根據的自己謅出些解釋來。至
於那些新解釋不能在古文籍、古字書或經典的傳注
中得到證明，他是完全不管的，（這裏所謂經典的
傳注，是指在他們撰作的時候，古語的詞彙大部分
還在活的語言裏用著而沒有過時的。）只要照他的

　　　　猜想，他能找到一個講法，可以合於上下文，他就

　　　　心滿意足了。」⑥

他又批評清儒說：

　　　　「……可是說教式的的全《詩》意旨卻也恢復

　　　了漢代的說法，較之宋儒未免是一大退步；至少在

　　　對許多詩篇的解說上是如此的。誠然，清朝也有少

　　　數幾個學者是極力反對這樣做的，例如姚際恆和崔

　　　述。不過，他們縱然能大膽的不受前人的羈絆，論

　　　證卻未免過於簡短，方法也太不嚴謹，並且有時候

　　　意見不夠成熟，使人不能十分相信。」⑦

前人注釋《詩經》，各有側重，各擅勝場。我們不能否認，高

氏對他們的批評，大致中肯，而《詩經注釋》對以往注家的意

見，也作了補苴罅漏的工作。

　　高氏貫注在他的古籍注釋中的，是極有系統和科學的研究

方法。歸納起來，共有三點：第一，利用現代語言學的方法訓

釋古籍，而特別重視中國上古音和語源的研究成果。第二，不

迷信《爾雅》、《說文》、《廣雅》等字典的釋義，於其他典

籍中找尋旁證。第三，引證古書文句時，著重同時代的佐證。

⑧上述的客觀方法，無疑可補前人的不足，故高說往往精微獨

造，勝義疊出。董同龢在《詩經注釋・譯序》中給予高著極高的評價，董氏說：

> 「我們把《注釋》讀完，便會發現，高氏之所以異於清儒者，在觀念上有三點：（一）不把三百零五篇《詩》當「經」看，（二）擺脫了《詩序》的羈絆，（三）不主一家。至於他生當清儒之後，能用清儒之長而去其所短，又有現代的語言學知識和治學方法，就是在「識字」上，自然是比清儒精密而進步得多了。……我們可以說，高氏已經做出來的，大體上也就是五四新文化運動以後中國學人在『用科學知識和方法整理國故』的口號下想要做的。不過，我們只是攏統的想了，似乎還沒有具體的籌劃過。更因為近幾十年來大家一直多災多難，更沒有人像高氏這樣腳踏實地的做過。」⑨

董氏又具體述說了高著的可稱道之處，計有四點：第一，處理材料比較有系統；第二，取捨之間有一定的標準；第三，處理假借字問題極其嚴格慎重；第四，利用見於各篇的同一個語詞作合併討論。⑩於此可見，高氏在古籍訓詁方面的成就是無庸置疑的，從某角度看來，他的貢獻甚至超越中國的學者。高氏

的《雅》、《頌》注釋,在《詩經》研究史上,穩佔重要的一
席。

　　第二,《雅》、《頌》注釋在高氏的芸芸眾多著作中,有
承先啓後的作用。《雅》《頌》注釋發表於1944和1946年,當
時高氏已經是五十多歲的成熟學者,而在此之前,高氏已有很
多有關語文、彝器和古籍的著述,茲羅列如下⑪:

(1)　　《中國音韻學研究》(*'Etudes sur la phonologie
chinoise*)

(2)　　《漢語學者工作與方法》("Den sinologiska
lingvistikens uppgifter och metoder")

(3)　　《國語語音讀本》("A Mandarin Phonetic Reader in
the Pekinese Dialect")

(4)　　《中國語與中國文》(*Ordet och pennan i Mittens
rike*)

(5)　　《原始中國語爲變化語說》("Le Proto-chinois,
langue flexionelle")

(6)　　《古代漢語的重建問題》("The Reconstruction of
Ancient Chinese")

(7)　《漢字解析新論》(*Contribution a l'Analyse des Caracters Chinois*)

(8)　《漢和語文解析字典》("Analytic Dictionary of Chinese and Sino-Japanese")

(9)　《形聲字之本質》("A Principle in the Phonetic Compounds of the Chinese Script")

(10)　《左傳真偽考及其他》("On the Authenticity and Nature of the Tso Chuan")

(11)　《中國語言學研究》(*Philology and Ancient China*)

(12)　《漫談中國語文問題》("Till det Kinesiska Problemet")

(13)　《上古中國音當中的幾個問題》("Problems in Archaic Chinese")

(14)　《中國古書的真偽》("The Authenticity of Ancient Chinese Texts")

(15)　《周禮與左傳本文之早期歷史》("The Early History of the Chou Li and Tso Chuan Texts ")

(16)　《詩經研究》("Shi King Researches")

(17)　《老子韻考》("The Poetical Parts in Lao-tsi")

(18) 《書經中的代名詞"厥"字》（ "The Pronoun Küe in the Shi King")

(19) 《漢語詞類》("Word Families in Chinese")

(20) 《論詩經頌的押韻》("The Rime in the Sung Section of the Shi King")

(21) 《中國青銅器中之殷與周》("Yin and Chou in Chinese Bronzes")

(22) 《論周人的文字》("On the Script of the Chou Dynasty")

(23) 《中國青銅器新論》（ " New Studies on Chinese Bronzes")

(24) 《中國青銅器的年代問題》（ "The Dating of Chinese Bronzes")

(25) 《青銅器物別錄》（ "Notes on a Kin-ts'un album")

(26) 《淮河流域出土之商代器物紋飾款式考》（ " Maandblad voorbeeld")

(27) 《漢文典・中日造字諧聲論》("Grammata Serica，Script and Phonetics in Chinese and Sino-Japanese")

(28) 《淮漢流域出土器物之比較研究》("Huai and Han")

(29) 《中國史前禮器拾零》("Some Ritual Objects of Prehistoric China")

(30) 《詩國風注釋》("Glosses on the Kuo feng odes")

以上所舉，不過犖犖大者，可知高氏對漢學的研究是多方面的。也就是因為高氏有深厚的學問根底，他撰寫《雅》、《頌》注釋時，往往能信手拈來，旁徵博引，在考釋古義時，並且能利用他對漢語語源、上古音韻、先秦古籍的研究成果，故能疊出新見，突過前人。

另外，在完成有關《詩經》之注釋後，高氏又寫了幾種同類的作品，包括"Glosses on the Books of Documents"（《尚書注釋》）⑫、"Glosses on the Tso-chuan"（《左傳注釋》）⑬、"Glosses on the Li-ki"（《禮記注釋》）⑭，其研究旨趣與體例，與《詩經注釋》略同。以上幾部著作自成系統，構成高氏經籍研究中的重要部分，而啟其端者，為《詩經》之注釋。再者，高氏的"Loan Characters in Pre-Han Texts"（《先秦文獻假借字例》）⑮，也是在《詩經》、《尚書》等書之注釋的基礎上寫成的。因此，《雅》、《頌》注釋於高著中，頗有承先啟後的意味，以此作研究對象，可窺見高氏學術方面的見解和成就。

　　第三，基於上述原因，高氏的《雅》、《頌》注釋，可說
是重要的著述，然而，深入的探討《雅》、《頌》注釋的專
著，卻未有所見。在這方面可供參考的相關文章只有兩篇，一
爲屈萬里的《簡評高本漢詩經注釋和英譯詩經》，載於《國立
中央圖書館館刊》新一卷第一期⑯；一爲趙制陽《高本漢詩經
注釋評介》，載於《詩經名著評介》一書⑰。但二者都是書評
式的作品，僅就某些問題，以舉例方式，簡略說明。限於形式
和篇幅，難以稱得上詳細精深的研究，於此可見，《雅》、
《頌》注釋的現有研究，實嫌不足。

　　由於上述原因，本書爲了塡補前人之不足，因此對
《雅》、《頌》注釋作全面的研究。不過，《詩經注釋》的優
點，董同龢在其譯序中已言之甚詳，無庸多述，故本書以《高
本漢〈雅〉〈頌〉注釋斠正》爲題，取高著中可商之處，逐一
探究訂正。用高氏的話來說，「那些傑出的學者也有他們的缺
點，需要我們來補正。」⑱希望本書對研究《詩經》的學者有
所幫助。

【註 釋】

① "Glosses on the Siao ya odes" 載 *Bulletin of the Museum of Far Eastern Antiquities* 第16期（1944年），頁25－169；"Glosses on the Ta ya and Sung odes" 載 *Bulletin of the Museum of Far Eastern Antiquities* 第18期（1946），頁1－197。

② "Glosses on the Kuo feng odes" 載 *Bulletin of the Museum of Far Eastern Antiquities* 第14期（1942年），頁71－247。

③ 董同龢譯：《高本漢詩經注釋》上、下冊（臺北：國立編譯館中華叢書編審委員會，1960年7月初版，1979年2月再版）。

④ 參《高本漢詩經注釋・序言》，頁1－5。

⑤ 同上，頁1－2。

⑥ 同上，頁4。

⑦ 同上，頁5。

⑧ 參同上，頁21－24。

⑨ 《高本漢詩經注釋・譯序》，頁4。

⑩ 參同上，頁3－4。

⑪ 有關高氏的著作，可詳參陳舜政《高本漢著作目錄》，載
《書目季刊》第4卷第1期，頁3－18。又下引高氏著作發表
時間、刊物名稱，皆可參考陳文。

⑫ "Glosses on the Books of Documents"分兩次載於*Bulletin of the
Museum of Far Eastern Antiquities*。第一次爲20期（1948
年），頁39－315；第二次爲21期（1949年），頁63－206。
中文本譯者陳舜政，國立編譯館中華叢書編審委員會於1969
年出版，題爲《高本漢尙書注釋》。

⑬ " Glosses on the Tso-chuan"分兩次載於 *Bulletin of the Museum
of Far Eastern Antiquities*。第一次爲41期（1969年），頁1－
158；第二次爲42期（1970年），頁275－295。中文本譯者
陳舜政，國立編譯館中華叢書編審委員會於1972年出版，題
爲《高本漢左傳注釋》。

⑭ "Glosses on the Li-ki" 載 於 *Bulletin of the Museum of Far
Eastern Antiquities*，第43期（1971年），頁1－66。中文本
譯者陳舜政，國立編譯館中華叢書編審委員會於1981年出
版，題爲《高本漢禮記注釋》。

⑮ "Loan Characters in Pre-Han Texts"，分五次載於*Bulletin of the
Museum of Far Eastern Antiquities*。第一次爲35期（1963

年），頁1－128；第二次爲36期（1964年），頁1－106；第

三次爲37期（1965年），頁1－136；第四次爲38期（1966

年），頁1－84；第五次爲39期（1967年），頁1－39。

⑯ 屈文載《國立中央國書館館刊》，新1卷第1期（1967年），

頁63－66。

⑰ 趙文載《詩經名著評介》，頁297－319。

⑱ 《高本漢詩經注釋・序言》，頁20－21。

本　論

《小雅・鹿鳴》──食野之苹

高氏說：

> 「《毛傳》：『苹，萍也』；所以：他們
> （鹿）吃野外的浮萍。毛氏大概以為『苹』*b'ĕng
> 是『萍』*b'ieng的省體。『苹』用作『萍』，見
> 《大戴禮・夏小正》。」①

高氏誤解《毛傳》，譯者董同龢已經指出來。他說：

> 「各本作『荓』；又據陳奐、馬瑞辰等，《毛
> 傳》的『荓』實在是『苹』，不指『浮萍』。」②

馬瑞辰對此考之甚詳，他說：

> 「《傳》：『苹，荓。』《箋》：『苹，藾
> 蕭也。』瑞辰按：荓為水草，非鹿所食，此當以
> 《箋》為正。《爾雅》：『苹，荓。』《說文》：
> 『苹，荓也。無根浮水而生者。』皆合苹、萍為
> 一。據《夏小正》『七月苹莠。』《傳》：『苹也

者，馬帚也。』《說文》作『茾，馬帚也』，與
『萍，苹也』異物。《爾雅》：『茾，馬帚。』
《郭注》：『茾似蓍，可以為掃帚。』《管子·地
員篇》：『茾下于蕭。』茾亦蒿之屬。蓋與『苹，
藾蕭』同物。《毛傳》當作『苹，茾』，謂『苹』
即《爾雅》之『茾，馬帚』。以『苹』為『茾』之
叚借，猶《夏小正》叚『苹』為『茾』，非以
『苹』為水中之萍也。《箋》以『苹』為『藾
蕭』，亦申《傳》，非易《傳》也。後人因《爾
雅》有『苹，萍』之文，因誤改《毛傳》之『茾』
為『萍』耳。」③

陳奐《詩毛氏傳疏》亦言：

「曾釗《詩異同辨》云：『《爾雅》：「苹，
萍，其大者蘋。」則萍是水草，此《詩》云「野之
苹」不得以水之萍解之，疑「萍」本當作「茾」。
《爾雅》：「苹，馬帚。」毛蓋以馬帚之「茾」，
釋此經之「苹」，後人轉寫加水耳。』案：曾說
是也。」③

由是可見，高氏對《毛傳》理解有誤。

【註釋】

① 《高本漢詩經注釋》，上冊，頁402。

② 同上。

③ 《毛詩傳箋通釋》，頁152上—下。

④ 《皇清經解續編》，冊12，頁9183上。

《小雅·四牡》——不遑將父

高氏說：

「《毛傳》：『將，養也』；所以：我沒有空閑
來養我的父親。毛氏以為『將』*tsi̯ɔng/tsi̯ɔng/
tsiang 和『養』zi̯ɔng/i̯ɔng/yang 語源上有關係。這
種用音近的字解釋的辦法是大膽而沒有根據的，後
來的注家卻都接受了。」他又說：「《說文》有
『牄』字（tsi̯ɔng/tsi̯ɔng/tsiang），訓為『扶』，可以
說是平常指『將持』的『將』的或體。參看《左
傳·莊公二十一年》：『鄭伯將王自圉門入。』
如此，這句詩是：我沒有空閑(扶持)扶養我的父
親。」①

高氏的意見可以作進一步補充。

「將」字古音精紐陽部，「養」字古音餘紐陽部，二字音
近，但《毛傳》訓「將」為「養」，卻未必是這個原因。《說
文》卷三下寸部曰：「將，帥也。」②又卷十二上手部曰：

「扺，扶也。」③吳善述《說文廣義校訂》把這兩字的關係，
作了很清楚的說明：

> 「按許書扺訓扶也。从手爿聲。將訓帥也。从
> 寸牆省聲。然寸字在偏旁，或取度義，或取守義，
> 或與又同用，又即手也。扺之从手，與將之从寸同
> 意。《玉篇》以扺為將之古文，甚是，故經傳扶扺
> 字並作將，引伸為持也、致也、傳也、奉也、養
> 也、助也、順也、從也、行也、送也、欲也、且
> 也、大也、長也、壯也、美也……」④

由此可知，《毛傳》訓「將」為「養」，是從引申的角度去立
論，並非「用音近的字解釋」，所以高氏的批評顯得武斷。

【註釋】

① 《高本漢詩經注釋》，上冊，頁406。

② 《說文詁林》，冊4，頁1310a下。

③ 同上，頁5388a下。

④ 同上，冊15，頁201a下。

《小雅·常棣》——鄂不韡韡

對於「鄂不」的訓釋，眾說紛紜，莫衷一是。《毛傳》：
「鄂猶鄂鄂然，言外發也。」①《鄭箋》：

> 「承華者曰鄂，不，當作柎。柎，鄂足也。鄂足
> 得華之光明則韡韡然。古聲『不』、『柎』同。」
> ②

朱熹《詩集傳》：「鄂，鄂然外見之貌。不，猶豈不也。」③
王引之《經義述聞》引述《毛傳》，然後說：

> 「……則不字乃語詞。鄂不韡韡，猶言天之沃
> 沃耳。」④

王氏又駁斥《鄭箋》，說：

> 「案：《詩》詠草木之華，皆直美其華之色，
> 無以鄂足言之者，且韡韡光明，華色則然，鄂足隱
> 在華下，安所見其韡韡哉？鄭亦知鄂足不得言韡
> 韡，乃為之說，云：『鄂足得華之光明，則韡韡然
> 盛。』迂回難通矣。王肅述毛云：『不韡韡，言韡
> 韡也，以興兄弟能內睦外禦，則彊盛而有光燿，若
> 常棣之華發也。』斯言得之。」⑤

另一解說出自《魯詩》和《韓詩》，即以「萼不」代「鄂不」，解作「花萼鮮明」。⑥

上列的幾種說法，高氏一概反對。他同意桂馥《說文解字義證》的訓釋，高氏說：

「桂馥（《說文解字義證》）提出：《說文》有『芣』字，訓為『華盛』。『芣』字如此用，古書未見。不過桂氏以為許慎就是說這句詩而『芣』就是本篇『不』的繁體。有一種植物叫『芣苢』（見《周南·芣苢》）『芣』音b'i̯ŭg/b'i̯ɐu/fou。許氏訓『華盛』的『芣』怎麼讀，不得而知。也許它的音是*p'i̯əg/p'jwi/p'ei〔ㄆㄟ〕，因為『不』當『丕』*p'i̯əg/p'jwi/p'ei 用是極常見的，《周頌·執競》『不顯成康』和《大雅·假樂》『不顯申伯』和《尚書·康誥》的『丕顯考文王』是一樣的。《尚書·洛誥》又有『丕顯德』。金文總是用『不』代『丕』，如著名的《大盂鼎》有『不顯文王』（和《尚書·康誥》的『丕顯考文王』相當）；同樣著名的《毛公鼎》有『不顯文武』（和

《尚書・文侯之命》的『丕顯文武』相當）。

『不』字用作『丕』而指『大，盛』的例有數十百

個。如此，現在這句詩（和『鄂丕韡韡』或『鄂茀

韡韡』一樣）就是：（常棣的花）突開盛大而鮮

明。」⑦

高氏提出很多例證，是爲了說明「不」與「丕」通，解作

「大」，看來頗能言之成理。考《說文》卷一上一部：「丕，

大也。从一不聲。」⑧《段注》：

　　「『丕』與『不』音同，故古多用『不』為

『丕』，如『不顯』即『丕顯』之類。」⑨

王筠《說文解字句讀》：

　　「經典多借『不』為『丕』。《詩》云：『不

顯不承。』即《書》之『丕顯丕承』也。言部引

《書》『不能誠于小民』，今本作『丕』。」⑩

皆可見古書「丕」、「不」通用。但金文和古籍中「不」字的

訓釋，還沒有得到一致的看法。除了訓作「大」以外，亦有不

少學者指出「不」是一個沒有意義的虛詞⑪。故高氏所引的例

證便未必確實無誤，況「鄂不」連用，情況或有不同。于省吾

在《澤螺居詩經新證》中有十分詳盡的考證，他說：

「《常棣》：『常棣之華，鄂不韡韡。』《毛傳》：『鄂猶鄂鄂然，言外發也。韡韡，光明也。』孔氏《正義》引王肅云：『不韡韡言韡韡也。』朱熹《詩集傳》：『則其鄂然而外見者，豈不韡韡乎。』王、朱二說均係伸述傳義。《鄭箋》：『承華者曰鄂。不，當作柎，柎，鄂也。鄂足得華之光明韡韡然盛興者，喻弟以敬事兄，兄以榮覆弟，恩義之顯亦韡韡然。古聲不、柎同。』戴震《毛鄭詩考正》謂『鄂不今字為萼跗』，陳奐《詩毛氏傳疏》謂『《藝文類聚》引三家詩作煒煒。不，語詞』。按以上各種說法都不足為據。清代學者多宗《鄭箋》之說，但是，首句為『常棣之華』，則下句所形容的對象當然要就華為言。以『鄂足得華之光明』為解，殊不知華本向陽，而鄂柎在華之陰面，如何能說『得華之光明』呢？」今再以《詩》證《詩》，也足以駁倒《鄭箋》的臆說。《詩經》中詠『常棣之華』者，除此詩以外凡兩見，皆屬詰問語氣。《何彼襛矣》稱：『何彼襛矣，唐棣之華。』唐、常古字通，唐棣即常棣。襛

　　字係形容『唐棣之華』的盛多；《采薇》稱：『彼
爾維何，維常之華。』《毛傳》謂常即常棣。爾通
薾，《說文》訓薾為『華盛』，是薾字也係形容
『常棣之華』的繁盛。然則此詩之『鄂不韡韡』應
該就華言之，而非鄂柎甚明。鄂不猶言胡不、遐
不，《詩》言胡不、遐不者習見。古讀鄂如胡，古
讀遐為『公虎切』（見有江有誥《廿一部諧聲
表》）。鄂，胡、遐三字，就聲言之，並屬淺喉；
就韻言之，並屬魚部。然則『鄂不』之可以讀作
『胡不』是沒有問題的。『常棣之華，胡不韡韡』
（《說文》訓韡為盛，《廣韻・上尾》訓韡為『華
盛貌』），猶《出車》的『彼旟旐斯，胡不施
施』，以『胡不施施』形容旟旐旒垂之盛，與此詩
以『胡不韡韡』形容『常棣之華』的旺盛，其文法
詞例完全相仿。『胡不韡韡』係反詰語，正言其韡
韡。可是，自來說此詩者多宗《鄭箋》，讀鄂不為
萼跗，把反詰語改作華萼之名，詞義俱乖。」⑫

于氏從語音、文法、上文下理幾方面進行論述，遠較高說詳
密，最爲確鑿可信。

【註釋】

① 《十三經注疏》，上冊，頁408上。

② 同上。

③ 《詩集傳》，頁102。

④ 《經傳釋詞》，頁98上。

⑤ 同上。

⑥ 參《高本漢詩經注釋》，上冊，頁412。

⑦ 同上。又桂馥原文曰：「《詩》：『鄂不韡韡。』不即此茉。本書韡下引詩作不，後人據詩改之。」

⑧ 《詁林》，冊2，頁15上。

⑨ 同上。

⑩ 同上，頁15上－下。

⑪ 如王引之《經傳釋詞》曰：「《玉篇》曰：『不，詞也。』經傳所用，或作『丕』，或作『否』，其實一也。有發聲者，有承上文者。」又吳昌瑩《經詞衍釋》曰：「解經者但知『不』之訓『弗』，『否』之訓『不』，『丕』之訓『大』，而不知其又爲語詞。于是強爲注釋，而經文多不可通矣。」

⑫ 于省吾《澤螺居詩經新證》，頁110－112。

《小雅・天保》──俾爾戩穀

《毛傳》曰：「戩，福。穀，祿。」①朱熹《詩集傳》：「聞人氏曰：『戩，與剪同，盡也。穀，善也。』」②高氏反對上兩種說法，他提出另一種解釋：

「『戩』從『晉』得聲，音一定是*tsi̯ĕn/tsi̯ĕn/tsin；又因為從『戈』，意義當是『割』，和『翦』字語源上有關係，可是並非完全相同。『翦』的意思是『翦除』（《閟宮》《毛傳》據《爾雅》訓為『齊』，也就是《周禮・食醫》的『劑』，《鄭箋》明白的訓『斷』），古書常見。由此，在本篇，我主張再把『穀』字就當本義『穀子』。上文說：天使你有許多增加，因此沒有一樣東西不豐富；現在的『俾爾戩穀，罄無不宜』便是：天使你收割穀子，所以（罄其所有）到末了沒有不（適當）好的。」③

高氏在這裏沿用他的一貫原則：盡可能以本義為訓。但上引高氏的一段話，有幾點可疑之處。首先，「戩」從「戈」，所以

便是「割」的意思，這是很令人費解的。《說文》卷十二下戈
部：「戈，平頭戟也。从弋，一橫之。象形，凡戈之屬皆从
戈。」④「戈」字甲骨文作 ⌇（甲六二二）、⌇（乙六六
九〇）、⌇（乙七一〇八）、⌇（存下四七）、⌇（粹
二二一）等形⑤，金文作 ⌇（鼎文）、⌇（觶文）、⌇
（宅簋）、⌇（休盤）等⑥，皆象兵器之形，可證許說不
誤。但兵器卻不一定有「割」義。

　　《說文》卷十二下戈部：「戩，滅也。」⑦王鳴盛《蛾術
編》曰：

　　　「戩字注『滅也。从戈晉聲。』《詩》曰：
　　　『實始戩商。』《爾雅·釋詁》及《毛詩·天保》
　　　『俾爾戩穀』，《傳》皆云：『戩，福也。』戩乃
　　　祓除之義，去不祥則福至，而亦訓滅者，去不祥為
　　　盡滅去也。」⑧

疑「戩」是由「滅」引申作「祓除」，祓除不祥便能福至，故
引申為「福」。至於「穀」字與「祿」字互訓，古籍中屢見不
鮮。《周禮·春官·天府》：「若祭天之司民司祿。」⑨
《註》曰：「祿之言穀也。」⑩《禮記·王制》：「王者之制

祿爵。」⑪《疏》曰：「祿者，穀也。」⑫《爾雅・釋言》：
「穀，祿也。」⑬徐灝《說文解字注箋》曰：

　　　「渾言則福、祿義同；析言則食饗謂之祿。

　　　《王制》鄭《注》曰：『祿所受食。』是也。」⑭
「穀」為百穀之總名，故可引申作「食饗」解。

　　　是故《毛傳》訓「戩」為「福」；訓「穀」為「祿」，我
們可以找到很多證據，所以是值得相信的。

　　　再者，考本《詩》詩旨，《詩序》云：

　　　「《天保》，下報上也。君能下下以成其政，

　　　臣能歸美以報上焉。」⑮

《詩集傳》云：

　　　「人君以《鹿鳴》以下五詩燕其臣，臣受賜者

　　　歌此詩以答其君。言天之安定我君，使之獲福如此

　　　也。」⑯

《詩經通論》云：

　　　「此臣致祝于君之詞。」⑰

《詩經原始》云：

　　　「全詩大意，前三章皆天之福君，後三章皆神

　　　之福君。」⑱

認爲這是一首祝福君主之詩，各家的說法並無異議。如果把這句釋作「天使你收割穀子」，就不似祝頌君上的說話。高氏之訓釋實不足取。

【註釋】

① 《十三經注疏》，上冊，頁412中。

② 《詩集傳》，頁104。

③ 《高本漢詩經注釋》，上冊，頁427。

④ 《說文詁林》，冊12，頁5691a上－下。

⑤ 《甲骨文編》，頁488－489。

⑥ 《金文編》，頁820－821。

⑦ 《說文詁林》，冊12，頁5691a上。

⑧ 同上，頁5691b下－5692a上。

⑨ 《十三經注疏》，上冊，頁776中。

⑩ 同上。

⑪ 同上，頁1321下。

⑫ 同上。

⑬ 同上，下冊，頁2582中。

⑭ 《說文詁林》，冊2，頁33b上。

⑮ 同上，上冊，頁412上。

⑯ 《詩集傳》，頁104。

⑰ 《詩經通論》，頁180。

⑱ 《詩經原始》，下冊，頁735。

《小雅‧天保》──神之弔矣

高氏採用 Waley 的講法，把這句解作「神都好（照字講是『神的好』）」①。他又說：

> 「訓『弔』為『至』而用『至』的本義，沒有一處可以無疑義說通；《康誥》和《盤庚》雖可以講，不過又另有較好的解釋在。如此，訓『弔』為『至』而用『至』的譬況的意義『完美』（《瞻卬》鄭說，《費誓》《偽孔傳》）或者『接納』（《節南山》）也就要消除了。我們可以得到一個結論：『弔』無論讀 *tiog/tieu/tiao 或讀 *tiok/tiek/ti，基本意義是一樣的，指『悲傷』（《匪風篇》：中心弔兮，《左傳》：昔周公弔二叔之不咸）；經過引伸，就有『憐憫』或更常見的『安慰』的意思（《節南山》：不弔昊天，《康誥》：惟弔茲……）；再普泛一些，就是『和善』（《盤庚》：……弔由靈）或簡單的『善』（《瞻卬篇》：不弔不祥，《左傳》：帥群不弔……，《費誓》：無敢不弔）。雖然《爾雅》訓『弔』為

　　『至』，上文卻已證明『弔』字古代沒有當『至』

講的。關於本篇的『神之弔矣』，我們就一定要用

Waley的解釋『神都好』。（馬瑞辰所引《抑篇》

的『神之格思』當然沒有決定性。）②

　　高氏的講法並不足信。古籍中的弔字，有時是𢓊的省借。

《說文》卷二下辵部曰：「𢓊，至也。从辵弔聲。」③王筠

《說文解字句讀》：「𢓊，至也。經典皆作『弔』。」④朱駿

聲《說文通訓定聲》：「𢓊，至也。从辵，弔聲，經傳皆以

『弔』為之。」⑤邵瑛《說文解字群經正字》曰：

　　　「《書・盤庚》：『弔由靈。』《傳》：

　　『弔，至。』《釋文》音的，或如字。《酒誥》：

　　『惟弔茲。』《傳》：『惟人至此，不孝不慈，弗

　　友不恭。』《釋文》音的。《費誓》：『無敢不

　　弔。』《傳》：『無敢不令至攻堅，使可用。』

　　《釋文》音的。《大誥》：『弗弔。』《傳》：

　　『言周道不至。』《釋文》音的。《君奭》：『弗

　　弔。』《傳》：『言殷道不至。』《釋文》音的。

　　《詩・天保》：『神之弔矣。』《傳》：『弔，

　　至。』《釋文》都厤反。《節南山》：『不弔昊

天。《傳》：『弔，至。』《箋》：『至，猶善
也。』《瞻卬》：『不弔不祥。』《箋》：『弔，
至也。』《釋文》：『弔，如字。又音的。』
《左・昭・二十六年傳》：『率群不弔之人。』
《注》：『弔，至也。』《釋文》：『如字，又音
的。』按弔字《說文》人部：『問終也，从人持
弓，作弔，多嘯切，作至義，竝當音的。正字从辵
弔聲作逷，後人不識逷字，無復用之。于是經典多
以弔代逷，俗又省為弔。《釋文》凡遇至義者，多
音的，亦往往竝列二音，猶緣俗誤而為騎牆之見
也。』⑥

由此可見，「都麻切」的「弔」本字為「逷」，訓「至」，在
古籍中可找到大量的例子。高氏說：

「訓『弔』為『至』而用『至』的本義，沒有
一處可以無疑說通；《康誥》和《盤庚》雖可以
講，不過又另有較好的解釋在。」⑦

這是沒有根據的說法。

另外，馬瑞辰《毛詩傳箋通釋》亦同意「弔」訓作
「至」，他說：

　　　　　「神之弔矣。《傳》：『弔，至。』瑞辰按：

　　　　《說文》：『迅，至也。』『弔』即『迅』之渻借

　　　　字。『神之弔矣』，猶云『神之格思』。『格』與

　　　　『佫』通。《方言》『假』、『佫』皆訓

　　　　『至』。」⑧

「神之格思」是《大雅‧抑》的一句，「格」為「佫」之假

借，訓「至」，與本句的句式和意義相同，以《詩》證

《詩》，可作為「弔」訓「至」的有力佐證，高氏卻說：「馬

瑞辰所引《抑篇》的『神之格思』當然沒有決定性。」⑨，實

在很令人費解，難怪譯者說：「高氏一向注重相類的對比，這

句話格外顯得武斷。」⑩

【註釋】

① 《高本漢詩經注釋》，上冊，頁429。

② 同上，頁431。

③ 《說文詁林》，冊3，頁802b上。

④ 同上，頁802b下。

⑤ 同上。

⑥ 同上，頁803a上－下。

⑦ 《高本漢詩經注釋》，上冊，頁431。

⑧ 《毛詩傳箋通釋》，頁158下。

⑨ 同⑦。

⑩ 同上。

《小雅・采薇》──小人所腓

　　《毛傳》：「腓，辟也。」①《鄭箋》：「當作芘。此言戎車者將率之所依乘，戍役之所芘倚。」②毛、鄭皆以假借義說《詩》。高氏則主張取「腓」的本義釋《詩》，他說：「程顥（宋）取『腓』字的本義：（雄馬和他們拉的車）是士兵（用腿）步行跟從的。這個說法新穎而實在，可以消除各種假借字的揣測。」③

　　《說文》卷四下肉部：「腓，脛腨也。从肉非聲。」④「腓」的本義是「小腿」。然而，歷來說《詩》者解釋本句，並未以本義釋「腓」。程顥曰：「腓，隨動也。如足之腓，足動則隨而動也。」⑤是以引申義釋《詩》，高氏以為程說用本義，是錯誤的理解。高氏舉《莊子・天下篇》、《戰國策・齊策》、《韓非子・揚權篇》為例，⑥證「腓」訓「小腿」，可是，這只能證明古籍中有用其本義，並未能以此證《詩》。上述古籍中的「腓」字，很明顯是一個名詞，而《采薇》的「君子所依，小人所腓」，「腓」是動詞，二者詞性不同，自不能相提並論。況以《詩》證《詩》，《詩》中用「腓」字，除本

《詩》外凡二見，其一爲《大雅·生民》：「誕寘之隘巷，牛羊腓字之。」馬瑞辰《毛詩傳箋通釋》曰：

> 「『腓』當讀如《采薇詩》『小人所腓』之『腓。』《傳》亦云：『腓，辟也。』王肅云：『所以避患也。』何氏《古義》：『讀同厞隱之厞，謂隱蔽之也。』芘亦芘蔭之意。《說文》：『字，乳也。』字、乳、育三字同義，《廣雅》並訓爲生，是也。牛羊腓字之，蓋猶虎乳子文之類，與鳥覆翼之相對成文。」⑦

其二爲《小雅·四月》：「秋日淒淒，百卉具腓。」《毛傳》：「腓，病也。」⑧朱駿聲《說文通訓定聲》指出此爲「痹」之假借。⑨可見皆以假借義釋《詩》。況從古音方面去考核，「腓」字屬幫紐微部，「芘」字屬並紐脂部，「痹」字屬並紐微部。三字的聲母均是脣音，而「腓」和「痹」是疊韻字，「腓」和「芘」的韻母同是陰聲韻，韻尾相同，主要元音相近，有旁轉的關係，可見彼此有通假的條件。

高氏強以本義釋《詩》，把此句解作「牛羊把他放在（它們的）腿（中間）來餵養他。」⑩，顯然是迂曲難通的臆說。

【註釋】

① 《十三經注疏》，上冊，頁414上。

② 同上。

③ 《高本漢詩經注釋》，上冊，頁435。

④ 《說文詁林》，冊5，頁1765b上。

⑤ 轉引自《高本漢詩經注釋》，上冊，頁436。

⑥ 同③。

⑦ 《毛詩傳箋通釋》，頁272上。

⑧ 《十三經注疏》，上冊，頁462中。

⑨ 《說文詁林》，冊5，頁1765b下。

⑩ 《高本漢詩經注釋》，上冊，頁436。

《小雅·南有嘉魚》——嘉賓式燕又思

高本漢說：

> 「馬瑞辰以為『又』是『右』，『佑』或
> 『侑』的省體：（君子有酒），好賓的宴會並且輔
> 他。」①

馬瑞辰《毛詩傳箋通釋》的原文如下：

> 「『又』即今之『右』字，古『右』與
> 『宥　』並通用，《周官·大祝》『以享右祭
> 祀。』《注》：『「右」，讀為「侑」。』《彤弓
> 詩》《毛傳》：『右，勸也。』『右』即『侑』
> 也。《說文》以『侑』為『姷』之或體。《大司
> 樂》『王宥。』《注》：『宥，猶勸也。』『宥』
> 亦『侑』之借也。此詩『嘉賓式燕又思』，『又』
> 當即『侑』之，猶『侑』可通作『右』與『宥』
> 耳。」②

高氏誤解馬氏的意思。第一，馬氏認為「又」即今之「右」
字；「右」、「宥」皆「侑」之假借，他並沒有指出「又」是

「右」，「佑」或「侑」的省體。第二，馬氏也沒有指出
「又」是「輔助」的意思。

　　《說文》卷十二下女部曰：「娸，耦也。」③《段注》
曰：

> 「耕有耦者，取相助也。故引伸之，凡相助曰
> 耦。『娸』之義取乎此。《周禮‧宮正》：『以樂
> 侑食。』鄭曰：『侑，猶勸也。』按：勸即助。
> 《左傳》：『王享醴命晉侯宥。』杜云：『既饗又
> 命晉侯助以束帛。』以『助』釋『宥』，古經多叚
> 『宥』為『侑』。《毛詩》則叚『右』為之。
> 《傳》曰：『右，勸也。』」④

段氏認為「宥」是「侑」之假借，訓作「勸」，這大體與馬瑞
辰的說法一致，。陳奐《詩毛氏傳疏》亦同意這種說法：
「『又』，讀為『右』。《彤弓》《傳》：『右，勸也。』」
⑤《小雅‧彤弓》有「鐘鼓既設，一朝右之」句，《毛傳》
云：「右，勸也。」⑥這是本《詩》「又」訓「勸」的佐證。

　　再者，此《詩》是貴族燕飲之樂歌，若將「又」訓作「輔
助」，不免迂曲。「又」應作「勸」解，有舉杯互相勸飲之
義，這樣，既上承「君子有酒」句，亦與詩旨吻合。

【註釋】

① 《高本漢詩經注釋》，上冊，頁452。高氏原文作 "Fine guests feast and second him"。

② 《毛詩傳箋通釋》，頁164上。

③ 《說文詁林》，冊12，頁5604a上。

④ 同上。

⑤ 《皇清經解續編》，冊12，頁9198下。

⑥ 《十三經注疏》，上冊，頁422上。

《小雅·蓼蕭》——鞗革忡忡

　　《毛傳》曰：「忡忡，垂飾貌。」①高氏以爲此句和《豳風·七月》的「鑿冰沖沖」的情況一樣，「忡忡」與「沖沖」同樣是摹聲字。所以這句詩解作：「有金屬飾物的鏗叮噹的響。」②其實《毛傳》和高氏的講法，皆不能在古籍中找到其他例證。

　　然而，《召南·草虫》有「未見君子，憂心忡忡」句，《說文》卷十下心部曰：「忡，憂也。」③「忡忡」是憂心之意。「鞗革忡忡」一本作「鞗革沖沖」，疑「忡」通作「沖」。《說文》卷十一上水部：「沖，涌搖也。」④《段注》就以此釋《詩》：

> 「繇、搖古今字。涌，上涌也。搖，旁搖也。
> 《小雅》曰：『攸革沖沖。』毛云：『沖沖，垂
> 貌，此涌搖之義。』《豳風》《傳》曰：『沖沖，
> 鑿冰之意。』義亦相近。」⑤

又章太炎《小學答問》曰：

> 「問曰：《說文》：『沖，涌繇也。』《小
> 雅》：『攸革沖沖。』《傳》曰：『沖沖，垂飾

　　　　兒。』此何誼？ 答曰：『古無舌上音。故《說

　　　　文》：「沖，讀若動。」沖沖即童童。《釋名・釋

　　　　兵》云：「幢，童也。其兒童童然也。」《蜀志・

　　　　先主傳》：「舍東南角杝，上有桑樹生，遙望見童

　　　　童如小車。」蓋童童者，垂飾兒⋯⋯』」⑥

段氏從字義去推敲，章氏從古音去考核，皆可證「忡忡」即

「垂飾兒」，高氏的解釋純是一種推測，故應以毛說爲長。

【註釋】

① 《十三經注疏》，上冊，頁420下。

② 《高本漢詩經注釋》，上冊，頁456－457。

③ 《說文詁林》，冊10，頁4770下。

④ 同上，冊11，頁4955a下。

⑤ 同上，頁4955b上。

⑥ 同上，頁4955b下－4956a上。

《小雅・六月》──六月棲棲

《毛傳》：「棲棲，簡閱貌。」①《詩集傳》：「棲棲，
猶皇皇不安之貌。」②高氏提出另一種說法：

> 「『棲』的基本意義是『雞的棲止』（《王
> 風・君子于役》），『休息』（《陳風・衡
> 門》）；他的或體栖也是一樣的（《小雅・北
> 山》，《莊子・至樂》）。一樣寫的字，音也一
> 樣，同時卻又有個完全相反的意義『不安』，真是
> 十分不可能的事。我覺得『棲』字在這裏也是用它
> 的基本意義。六月暑熱的時候不應該有戰征，注家
> 們也同意；本篇不過是描述激動的戰征情緒而已。
> 這句詩實在是：在六月裏的休止時期，（戰車都裝
> 備好了。）同樣的，Legge 以《論語》的『丘何為
> 是栖栖者與』也是『你孔丘為何這麼安閒』，用譏
> 刺的口吻說出的。」③

朱說與高說同借《論語・憲問》的例子說《詩》。不過他們對
「丘何爲是栖栖與」一句的理解卻有所不同。《正義》曰：

> 「栖栖，猶皇皇也。微生畝，隱士之姓名也。
> 以言謂孔子曰丘，呼孔子名也。何為如是東西南北
> 而栖栖皇皇與，無乃為佞說之事於世乎。孔子曰：
> 非敢為佞也，疾固也。孔子答言不敢為佞，但疾世
> 固陋，欲行道以化之。」④

從文意看，孔子回答微生畝的詢問，指出「栖栖」的原因是為
了「疾固」，「疾固」就是「疾世固陋」，那麼，「棲棲」宜
指孔子周游列國，席不暇暖，現出「皇皇不安之貌」，若訓
「棲棲」為「安閑」，便與下文不合。高氏認為 Legge 的譯文
可從，理由是以為微生畝用了譏刺的口吻。其實，這是高氏為
了堅持用「棲」的本義而作的想像，高氏卻沒有發覺這樣的解
釋難與下句「無乃為佞乎」相合。

　　回看本《詩》「六月棲棲」句，馬瑞辰《毛詩傳箋通
釋》：

> 「棲，栖古同字，義與《論語》『栖栖』同，
> 謂行不止也。《廣雅》：『徲徲，往來也。』徲徲
> 即棲棲，謂往來不止之皃，徲徲通作棲棲，猶瓠犀
> 通作瓠棲，皆音近叚借字耳。」⑤

日人竹添光鴻《毛詩會箋》曰：

　　「首章言出師之急遽也。經文兩言六月，明有非
　時舉事之意，故《鄭箋》云：『記六月者，盛夏出
　兵，明其急也。』下『我是用急』句，正承首二句
　而言，說者謂當以周正紀月，不知玁狁入寇嘗在秋
　冬，今六月入寇，故分外匆遽，不必疑為周正也。
　棲棲，猶云皇皇也。棲、栖古同字，與《論語》
　『栖栖』同，往來不止貌，因又訓為急遽也。」⑥
皆可見「棲棲」訓作「往來不止」，然後引申作「遽急」，朱
熹其實也是持同一意見：

　　「成康既沒，周室寢衰，八世而屬王胡暴虐，
　國人逐之，出居于彘。玁狁內侵，逼近京邑。王
　崩，子宣王靖即位，命尹吉甫帥師伐之，有功而
　歸。詩人作歌敘其事如此。司馬法：冬夏不興師。
　今乃六月而出師者，以玁狁甚熾，其事危急，故不
　得已而王命于是出征，以正王國也。」⑦
此句寫六月大暑時，仍要往來不止，皇皇不安，出兵北伐，方
能烘托出「玁狁孔熾，我是急用」的境況。故以朱說為長。

【註釋】

① 《十三經注疏》，上冊，頁424中。

② 《詩集傳》，頁114。

③ 《高本漢詩經注釋》，上冊，頁461。

④ 《十三經注疏》，下冊，頁2512下。

⑤ 《毛詩傳箋通釋》，頁166上－下。

⑥ 《毛詩會箋》，冊3，頁1075。

⑦ 《詩集傳》，頁114。

《小雅・采芑》──亦集爰止

高氏說：

「本章已有另外兩句用『止』作末語助詞──
『方叔涖止』，『方叔率止』──所以這一句的
『止』似乎也可以認作句末語助詞。但是『亦集爰
止』又見於《大雅・卷阿》，而《卷阿》另外並沒
用『止』作句末語助詞的句子。《正月篇》又有
『瞻烏爰止，于誰之屋』，『止』字很清楚的是主
要的動詞。本篇的『亦』和『爰』當是有副詞作用
的助詞，引出兩個相關的動詞『集』和『止』。和
上連起來，這句詩的意思是：（那個飛行的隼很
快，它飛到天上，）但是又落下而停止。同樣的，
《正月篇》的『爰』也不當『在』講，只是一個起
頭的助詞，如《詩經》中常有的：看那個烏雅，它
停住了，在誰的房子上？」①

如此看來，高氏把「集」釋作「落下」；把「止」釋作「停
止」。高氏沒有提出有力的證據，這樣的訓釋實在不大可信。

《說文》卷四上雥部曰：「，群鳥在木上也。」②《段
注》曰：「引伸爲凡聚之偁。」③《徐箋》曰：

　　「《爾雅》：『集，會也。』會，猶聚也。群

　鳥聚於木上曰集，引申為凡聚之偁。」④

又《小雅・鴻雁》：「鴻雁于飛，集于中澤。」《小雅・頍
弁》：「如彼雨雪，先集維霰。」「集」皆作「聚」解。
「集」作「落下」解，《詩經》中找不到其它例子。

　　至於「止」字，《說文》卷二上止部：「止，下基也，象
艸木出有址，故以爲足。」⑤考「止」字之甲文作 （甲六
〇〇）、（甲二四八九）、（燕五三五）、（庫九
二）等形⑥，金文作 （召伯簋）⑦，非象艸木出有址，而
是象人足之形。林義光《文源》曰：「本爲足，引伸爲止息之
義。」⑧在《詩經》中「止」作「止息」解的例子有《小雅・
甫田》「攸介攸止」、《大雅・公劉》「止旅廼密」、《商
頌・玄鳥》「維民所止」等句。《正月篇》的「瞻鳥爰止，于
誰之屋」中的「止」，亦當作「止息」解。

　　綜合以上所論，「亦集爰止」宜解作「又聚集和止息」。

【註釋】

① 《高本漢詩經注釋》，上冊，頁467－468。

② 《說文詁林》，冊5，頁1583b上。

③ 同上。

④ 同上，頁1583b上－下。

⑤ 《說文詁林》，冊3，頁702b下。

⑥ 《甲骨文編》，頁55。

⑦ 《金文編》，頁84。

⑧ 同上，頁705b上。

《小雅・車攻》——徒御不驚，大庖不盈

《毛傳》曰：「不驚，驚也；不盈，盈也。」①朱熹《詩集傳》曰：

> 「不驚，言比卒事不喧譁也。大庖，君庖也。
>
> 不盈，言取之有度，不極欲也。」②

高氏棄毛、朱二說不用，而取 Waley 的譯釋，把這句解作：
「如果徒卒和車御不（警惕）注意，大庖廚就不會充盈。」③
高氏沒有詳細說明取捨之間的理由，只認爲 Waley 的講法簡
單，所以顯然是對的。其實，平情而論，《毛傳》的訓釋更爲
簡單合理。「不」字用作語詞，在《詩經》中可找到大量的例
子。陳奐《詩毛氏傳疏》支持《毛傳》的講法，並提出了許多
證據：

> 「徒御不驚，徒御驚也；大庖不盈，大庖盈
> 也。《傳》以『不』爲助句之詞也。一字不成詞，
> 則用一助字以足之。此其句例。《桑扈》：『不
> 戢，戢也；不難，難也；不多，多也。』《文
> 王》：『不顯，顯也；不時，時也。』《生民》：

『不寧，寧也；不康，康也。』《阿卷》：『不

多，多也。』《玉篇》云：『不，詞也。』凡古人

作詞，多由方語。語有急緩，則詞有短長。初以語

言之發聲，後為文辭之助句，皆出自然，非有矯

爾，毛公深明乎古人屬辭之意，故特發明之。」④

朱熹亦言：「舊說：不驚，驚也；不盈，盈也。亦通。」⑤可
見他也沒有否定《毛傳》的解釋。把這句理解為直述句，簡單
的解釋為「徒卒和車御都警戒著，大庖廚裏充盈著獵獲的野
物」，實在比高氏以為這是帶條件關係的偏正複句，來得通達
自然。

【註釋】

① 《十三經注疏》，上冊，頁429上。

② 《詩集傳》，頁118。

③ 《高本漢詩經注釋》，上冊，頁477。

④ 《皇清經解續編》，冊12，頁9210下。

⑤ 同②。

《小雅·吉日》——悉率左右，以燕天子

《毛傳》曰：「驅禽之左右以安待天子。」①《詩集傳》曰：

> 「言從王者視彼禽獸之多，於是率其同事之人，各共其事，以樂天子也。」②

高氏從朱說，但沒有說出原因。平情而論，《毛傳》的訓釋似較可取。首先，我們可以參考馬瑞辰《毛詩傳箋通釋》的講法：

> 「《周官·田僕》：『設驅禽之車。』《鄭注》：『驅，驅禽使前趨獲。逆，衛還之使不出圍。』今按：驅逆猶送逆也。《小爾雅》：『驅，送也。』驅禽待射，若送者然。此《詩》『從其群醜，漆沮之從』，從，逐也，謂驅送也。『悉率左右』則為衛還之使不出圍，即逆也。《易·比·九五》：『顯比，王用三驅，失前禽。』褚氏諸儒皆以三面著人驅之，缺其前一面，故失前禽。《王制》所謂『天子不合圍』也。此詩『悉率左右』謂

從旁翼驅之，亦《易》『王用三驅』之義，安與待

義相近，故燕為安，又為待，《傳》《箋》皆云

『安待』者，正訓燕為待也。《說文》：『晏，安

也。』引《詩》『以晏父母』今《詩》無此文，或

疑即『以晏天子』之譌。」③

馬氏引《周禮》和《易》的記載，可知隨從驅趕禽獸，好讓天子射獵，乃實有其事，足見毛訓有據。此外，本《詩》第一章有「從其群醜」句，第二章有「漆沮之從」句，其中「從」皆訓驅逐，高氏也把「漆沮之從」講作「在漆水和沮水追逐他們」（案：指禽獸）。第四章首二句是「既張我弓，既挾我矢」，乃寫實際射獵的情況。「悉率左右，以燕天子」為第三章末二句，如果結合上下文來看，《毛傳》的訓釋就把這兩句講得很好，可以承上啟下。反觀朱訓，句意突兀，顯然未若毛說怡然理順。

【註釋】

① 《十三經注疏》，上冊，頁430上。

② 《詩集傳》，頁118。

③ 《毛詩傳箋通釋》，頁173下。

《小雅・斯干》──無相猶矣

高氏於此句下引三種解說：

「A《毛傳》：『猶，道也。』（據《爾雅》
『猷，道也。』）《孔疏》就把這句講作：『無相
責以道。』不過這決不是毛氏的意思。『猶』字在
《詩經》常指『謀略』（《鄭箋》訓『謀』，
『圖』），而在許多那樣的情況下，《毛傳》都訓
為『道』，如《小旻篇》：『謀猶回遹』，《毛
傳》：『猶，道也。』所以，朱氏只略改毛氏的說
法，把這句詩說作：無相謀。『謀』和『圖』普通
都有『謀害』的意思，所以這句詩是：（兄弟們應
該互相友愛），不應該互相算計。B《鄭箋》：'
『猶（*ziôg/i̯ə̯u/yu）當作瘉（*dȋu/i̯u/yü）；瘉，
病也。』所以這句詩是：不要互相傷害。這樣無根
據的改讀，是因為鄭氏（二世紀）不知古音。C另
一說──《詩集傳》：或曰『猶』（*ziôg）當作

　　『尤』（*giŭg/jiəu/yu）：不要互相誹謗。這一說

在古音上也說不通。」①

　　首先，高氏反對 B 說和 C 說，是因爲他認爲從古音的角度

去考核，以上兩說皆不能成立。然「猶」字古音餘紐幽部，

「瘉」字餘紐侯部，「尤」字匣紐之部。「猶」與「瘉」聲母

相同；韻部方面，是陰聲韻旁轉的關係。「猶」與「尤」也是

陰聲韻旁轉的關係。因此，「猶」與「瘉」、「猶」與「尤」

皆可通假，高說似不可成立。

　　其次，另有學者訓「猶」爲「欺詐」，高氏並沒有引用。

馬瑞辰說：

　　　　「按：猶、猷，古通用。《方言》：『猷，詐

也。』《廣雅》『猶，欺也。』《詩》蓋謂兄弟相

愛以誠，無相欺詐。即《左傳》『爾無我虞，我無

爾詐』也。」②

馬氏引《左傳》爲證，說服力並不太強，聞一多《詩經通義》

申馬氏之說，曰：

　　　　「《方言》一三曰：『猷，詐也。』《廣雅·

釋詁二》曰：『猶，欺也。』猷、猶同。案猶訓

若，若者似是而非之謂，故引申為欺詐之義。《小

雅·斯干篇》曰:『兄及弟矣,式相好矣,無相猶
矣。』馬瑞辰訓猶為欺詐,是也。今謂《鼓鐘篇》
『其德不猶』,猶亦訓欺。一章曰『淑人君子,懷
允不忘』,《箋》訓允為信,二章曰『淑人君子,
其德不回』,回讀為違,不違即不背信,三章曰
『淑人君子,其德不猶』,猶訓欺,不欺亦即不失
信也。」③

可見《小雅·鼓鐘》「淑人君子,其德不猶」句,「猶」字亦
宜作「欺詐」解。這為馬說提出重要的佐證。

【註釋】

① 《高本漢詩經注釋》,上冊,頁500。

② 《毛詩傳箋通釋》,頁178下。

③ 《聞一多全集》,冊2,頁149。

《小雅·節南山》──維周之氐

　　《毛傳》指出「氐」是「本」的意思。①《鄭箋》曰：「氐當作桎鎋之桎。」②高氏認為「『桎』一般指『腳鐐』，當『軸轄』講沒有佐證」，他指出《鄭箋》的講法是一種臆測，沒有任何根據，他又說：

　　　　「『氐』*tiər和『維』*djwər，『毗』*b'jər，

　　　　『迷』*miər，『師』*sjər是很好的韻，而『桎』

　　　　和那些字押韻就很勉強了。」③

其實，《鄭箋》的講法並不純是一種臆測，「桎」作「車轄」解，我們可以在古籍中找到證據，正如桂馥《說文解字義證》說：

　　　　「《詩·節南山》：『維周之氐』，《箋》

　　　　云：『氐當作桎。』《釋文》云：『桎，礙也。』

　　　　《正義》云：『《說文》云：「桎，車鎋也。」則

　　　　桎是鎋之別名耳。』馥案：高注《戰國策》：

　　　　『鎋，轂闌也。』《孝經鉤命決》：『孝道者，萬

　　　　世之桎鎋。』馥謂本書當有車鎋一義，今闕。」④

考各字的古音，「氐」、「毗」、「迷」、「師」諸字同屬脂部，「維」字屬微部，「桎」字屬質部。脂、微二部旁轉，脂、質二部陰入對轉，所以各字是可以互押的。高氏要推翻《鄭箋》的講法，並沒有提出令人信服的理由。

【註釋】

① 《十三經注疏》，上冊，頁172下。

② 同上。

③ 《高本漢詩經注釋》，上冊，頁515。

④ 《說文詁林》，冊7，頁2636b上。

《小雅・節南山》——四牡項領

高氏說：

> 「我相信第一個當『頸項』講的『項』字是個
> 動詞；這句是：四匹雄馬運用他們的頸項〔neck
> their necks〕，也就是：伸展他們的頸項（著急走動
> 的意思）。我覺得這不見得不是毛氏的意思。
> 『大』是『使大』——『使他們的頸項大』也就是
> 『伸他們的頸項』。如此說來，毛氏的注釋只是把
> 作動詞用的『項』說得活一些而已。」①

「項」的本義爲「頭後」②，是一個名詞。雖然詞類活用的情
況在古漢語中十分普遍，名詞活用作動詞也極常見，但是
「項」作動詞，卻找不到其它例證。

《毛傳》曰：「項，大也。」③把「項」理解爲形容詞，
修飾下面的「領」字。高氏以爲自己的訓釋與毛氏的意思一
致，其說顯得十分勉強。其實，自《毛傳》後，注家對「項」
都沒有提出新的解釋。如《詩集傳》曰：「項，大也。」④
《毛詩傳箋通釋》曰：

　　　「《傳》蓋以頸為隹之假借，故訓為大，項古
　讀近癰腫之腫，腫亦大也。」⑤

《詩毛氏傳疏》曰：

　　　「凡從工聲字多訓大，如空、仜、隹之例，故
　《傳》訓項為大也。」⑥

林義光《詩經通解》曰：

　　　「項讀為洪，毛云：『頸，大也。』《新序》
　云：『夫久駕而長不得行，項領不亦宜乎？』
　《易》曰：『臀無膚，其行趑趄。』此之謂也。則
　項領為馬夕滯不用而頸肉隹隹然肥大之意。」⑦

諸家皆訓「項」為「大」。

　　《說文》卷四上隹部：「隹，鳥肥大隹隹然也。」⑧商承
祚《殷虛文字類編》曰：

　　　「《說文解字》：『隹，鳥肥大隹隹也。』或
　從鳥作鴭，與此同，疑此字與鴻雁之鴻古為一字，
　惜卜辭之鴭為地名，未由徵吾說矣。」⑨

隹、鴻古音同為匣紐東部，並有「大」義，商氏的推測是有道
理的。又朱珔《叚借義證》曰：

　　「《詩・小雅・四牡》『項領』，《毛傳》：

　『項，大也。』項當為隺之假借。隹部：『隺，鳥

　肥大隺隺也』，引伸可為凡大之稱。」⑩

「項」與「隺」古音同，故「項」可借為「隺」。隺本義為

「鳥肥大」，引申凡大之稱皆言　　，所以《毛傳》訓「項」為

「大」，可以信從。

【註釋】

① 《高本漢詩經注釋》，上冊，頁522－523。

② 《說文詁林》，冊9，頁3920。

③ 《十三經注疏》，上冊，頁441下。

④ 《詩集傳》，頁128。

⑤ 《毛詩傳箋通釋》，頁184上。

⑥ 《皇清經解續編》，冊12，頁9223下。

⑦ 《詩經通解》，頁133b。

⑧ 《說文詁林》，冊5，頁1541b上。

⑨ 同上。

⑩ 同上，冊16，頁599b下。

《小雅·十月之交》──以居徂向

《鄭箋》：「又擇民之富有車馬者，以往居于向也。」①
《孔疏》：

> 「又擇民之富有車馬者，令往居向邑。上章言
> 其築邑，此章言其往時。」②

《箋》和《疏》的意見是一致的。高氏另有不同的意見，他
說：

> 「《鄭箋》把『居』『徂』二字顛倒，他說：
> 『（又擇民之富有車馬者），以往居于向也。』除
> 非直接了當的說這裏文字有誤應當作『以徂居
> 向』，這種講法是文法上不許可的。」③

又說：

> 「本章敘寫一個新城市的建立和皇父用高壓手
> 段強迫人民遷徙，『居』字顯然是用基本意義無
> 疑。不過它不僅是指『住』，並且還有『擇居』的
> 意義，如《雨無正篇》：『昔爾出居』；《大雅·
> 皇矣》：『居岐之陽』；古書常有這樣用的。如

　　　　此，本篇的『擇有車馬，以居徂向』便是：（他選

　　　　擇有車馬的人），用以擇居而到向去。」④

高氏的意見並非完全沒有道理，這句的「居」字，宜用其本

義，比王引之以爲「居」是語詞高明。⑤不過，高氏指居有

「擇居」之意，則是主觀的推測，使句意很不自然。高氏所引

《小雅・巧言》「爾居徒幾何」、《大雅・召旻》「我居圉卒

荒」、《大雅・生民》「上帝居歆」、《小雅・菀柳》「居以

凶矜」幾句的訓釋，只能證明「居」作「居止」、「居住」

解，高氏並沒有舉出《詩經》中把「居」解作「擇居」的例

證。

　　其實《鄭箋》的說法本來就十分可取，高氏從文法上的角

度去分析，認爲鄭氏把「居」和「徂」二字顚倒來解釋，故不

能成立。這是高氏偏執之見。事實上，中國古詩中字詞顚倒以

配合押韻的情況十分普遍，正如于省吾在《澤螺居詩經新證》

中說：「按：《箋》義是也。『以居徂向』，即徂向以居。特

倒文以與『藏』、『王』爲韻耳。」⑥『藏』、『王』、

『向』古音皆屬陽部，于說可從。《詩經》中倒文的例子甚

多，俞樾《古書疑義舉例》說：「詩人之詞必用韻，故倒句尤

多。」⑦另向熹《詩經語言研究》一書，其中有專論「詩句的倒裝」的部分，所引例子甚多，可作參考。⑧

【註釋】

① 《十三經注疏》，上冊，頁447上。

② 同上。

③ 《高本漢詩經注釋》，上冊，頁548。

④ 同上。

⑤ 《經傳釋詞》：「《十月之交》曰：『擇有車馬，以居徂向。』居，語助，言擇有車馬，以徂向也。」見《經傳釋詞》，頁53上。

⑥ 《澤螺居詩經新證》，頁38。

⑦ 《皇清經解續編》，冊20，頁15941下。

⑧ 詳參向熹著：《詩經語言研究》，頁350－369。

《小雅・雨無正》——旻天疾威

《鄭箋》曰：

「王既不駿昊天之德，今昊天又疾其政，以刑罰威恐天下而不慮不圖。」①

高氏說：

「《鄭箋》：大天討厭你的威嚇，以為『疾』是及物動詞，『威』是受詞。」②

此處高氏誤解《鄭箋》，董同龢已在譯文中指出。③

此外，高氏訓釋「疾威」一詞說：

「其實我們無須乎硬把單個字的意義都用在一起。把『疾威』講成『威』就很好了。這句詩是：大天可怕。《蕩篇》的『疾威上帝』是：可怕的上帝。」④

這個說法很值得懷疑。《說文》卷十二下女部曰：

「威，姑也。从女从戌。《漢律》曰：『婦告威姑。』」⑤

考「威」字金文作 𢆶（弔向簋）、𢆶 𢆶 𢆶（癲簋）、𢆶（癲鐘）、𢆶 𢆶 （虢弔鐘）、𢆶（邾公華鐘）、

威（王孫鐘）、 威（王子午鼎）⑥或从戌，或从戈，或从戊，而戊、戈、戌皆象兵器之形。林義光《文源》說：

「《說文》云：『威，姑也。从女戌聲。』按戌非聲，威當與畏同字（王孫鐘『威儀』作『畏義』从 戌，象戈戮人，女見之，女畏懼之象。古作 威（虢叔鐘），省作 威（禹敦）作 威（郑公華鐘）。」⑦

可證「威」作「畏」解，高氏把「疾威」解作「可怕」，大體本於此。然「疾威」一詞，《詩》凡二見：一為《小雅·雨無正》「昊天疾威」，一為《大雅·蕩》「疾威上帝」《毛傳》釋《蕩篇》曰：「疾，病人也；威，罪人也。」⑧《鄭箋》曰：「疾病人者，重賦斂也；威罪人者，峻刑法也。」⑨朱熹《詩集傳》：「疾威，猶暴虐也。」⑩其實此說頗見通圓，查「疾」、「威」 皆可訓作「暴」，馬瑞辰《毛詩傳箋通釋》曰：

「《廣雅》：『暴，疾也。』『疾』、『威』二字平列。朱子《集傳》云：『疾威猶言暴虐。』是也。」⑪

又《老子》第六十章：「民不畏威。」⑫《河上公注》：「威，害也。」⑬《後漢書・杜詩傳》：「匈奴未讋聖德，威侮二垂。」⑭《注》：「威，虐也。」⑮由是可知，朱熹之說可從。

【註釋】

① 《十三經注疏》，上冊，頁447中。

② 《高本漢詩經注釋》，上冊，頁554。

③ 同上。

④ 同上。

⑤ 《說文詁林》，冊12，頁5545a下。

⑥ 《金文編》，頁799。

⑦ 同⑤，頁5546b上－下。

⑧ 《十三經注疏》，上冊，頁552下。

⑨ 同上。

⑩ 《詩集傳》，頁203。

⑪ 《毛詩傳箋通釋》，頁191。

⑫ 《老列莊三子集成補編》，冊11，頁96。

⑬ 同上。

⑭ 《後漢書》，冊4，頁1095。

⑮ 同上。

《小雅・小旻》——潝潝訿訿

高氏說：

> 「《魯詩》（《漢書・劉向傳》引）作『歙歙
> 訿訿』，或又作『嗋嗋呰呰』（《荀子・修身篇》
> 引）。從兩處的上下文，可以看出《魯詩》是把
> 『翕（歙，嗋）』等講作『聯合』，把『訿（呰，
> 呰）』等講作『誹謗』。朱熹因此解說作：他們時
> 而一致，時而互相詆毀，不免附會。《魯詩》原意
> 當然是：他們聯合起來毀謗……」①

朱熹《詩集傳》曰：

> 「潝潝，相和也。訿訿，相詆也……言小人同
> 而不和。」②

朱熹訓釋的方法，是先釋字詞，再釋《詩》句。指出「小人同
而不和」，方爲朱訓精義所在，正如《詩經原始》引曹氏粹中
曰：

> 「潝潝然相和者，黨同而無公是；訿訿然相毀
> 者，伐異而無公非。」③

可爲朱說註腳。因此，朱熹之意，言小人表面上互相附和，背後互相詆毀。高氏顯然誤解了朱熹的講法。

【註釋】

① 《高本漢詩經注釋》，上冊，頁567。

② 《詩集傳》，頁567。

③ 《詩經原始》，下冊，頁877。

《小雅・小旻》──是用不潰于成

《毛傳》曰：「潰，遂也。」①《鄭箋》曰：

「如當路築室，得人而與之謀所為，路人之意不同，故不得遂成也。」②

毛氏以「潰」之借義釋《詩》，後世說《詩》者大多以毛說爲本。像馬瑞辰和陳奐，都認爲「潰」是假借字。《毛詩傳箋通釋》曰：

「『潰』即『遂』之叚借，『潰』、『遂』古聲近通用，『遂』借作『潰』，猶《角弓詩》『莫肯下遺』，《荀子》引作『隧』，《說文》『旞』或作旜，从遺也。」③

《詩毛氏傳疏》曰：

「『潰』者，當是『遺』之假借字，『遺』與『遂』同義。《召旻》『草不潰茂』，《傳》同。」④

然而高氏卻另立新說：

「『潰』的本義是『水決堤潰』和『暴亂』，這裏引伸為衝進，氣力強盛；所以：（他們好像造

房子的人在路上商量）所以不用力於（工作的）成

績上。」⑤

高氏以引伸義來解釋『潰』，是因爲他不相信馬瑞辰和陳奐的

講法。他認爲「『潰』是『遂』的假借字，音上說不過去」。

⑥對於陳奐的看法，高氏指出「實際上『遺』並沒有『遂』的

意思」。⑦

　　高氏反對馬、陳二說，都沒有提出充分的證據。從古音方

面去考核，「潰」字匣紐物部，「遺」字餘紐微部，「遂」字

邪紐物部，皆音近可通。此外，《小雅・弓角》有「莫肯下

遺」句，疑假『遺』爲『隤』，《說文》卷十四下自部：

「隤，下隊也。」⑧又《廣雅》：「隤，下也。」⑨「隤」之

本義爲「下降」，又引申作「順貌」。如《禮記・曲禮下》：

「張弓尙筋，弛弓尙角。」⑩《注》：「隤然順也。」⑪

《易・繫辭下》：「隤，柔貌也。」⑫《釋文》：「隤，順

貌。」⑬又「遂」亦有作「順」解，如《國語・周語下》：

「而行之以遂八風。」⑭袁昭《注》：「遂，順也。」⑮由此

可證「遺」與「遂」同義。

　　故本句與《召旻》「草不潰茂」句的「潰」字，皆可作

「順」解。高氏指「潰」是「彙」的誤字，不過臆測而已。

【註釋】

① 《十三經注疏》，上冊，頁449中。

② 同上。

③ 《毛詩傳箋通釋》，頁195。

④ 《皇清經解續編》，冊12，頁9232下。

⑤ 《高本漢詩經注釋》，上冊，頁570。

⑥ 同上。

⑦ 同上。

⑧ 《說文詁林》，冊14，頁6487b下。

⑨ 《廣雅疏證》，頁37上。

⑩ 《十三經注疏》，上冊，頁1244上。

⑪ 同上。

⑫ 同上，頁86上。

⑬ 《經典釋文》，頁166下。

⑭ 《國語》，冊1，頁42。

⑮ 同上。

《小雅・小旻》──(a)或聖或否
(b)或哲或謀
(c)或肅或艾

《毛傳》曰：

「人有通聖者，有不能者，亦有明哲者，有聰謀者。艾，治也。有恭肅者，有治理者。」①

《鄭箋》曰：

「言天下諸侯今雖無禮，其心性猶有通聖者，有賢者，民雖無法，其心性猶有知者，有謀者，有肅者，有艾者。王何不擇焉置之於位而任之為治乎？《書》曰：『睿作聖，明作哲，聰作謀，恭作肅，從作乂。詩人之意欲王，敬用五事以明天道，故云然。』」②

高氏對毛、鄭訓釋感到不滿，他說：

「注家們一向把聖，哲，謀，肅，艾都講作稱頌的形容詞。這幾句是：有些人聖明，有些人不；有些人聰明，有些人聽信別人的勸告；有些人恭敬，有些人有條理。這是因為《尚書・洪範》也同樣的列舉這些品德，不過次序不大相同──肅，

义；哲，謀；聖。不過這麼講的話，第一句『或聖
或否』顯然和下面完全讚揚的話不能相應。《毛
傳》沒有任何企圖解決這個矛盾；《鄭箋》要使第
一句也和下面相應，便把或否講作『不如聖者，可
是還是賢者』，而『或聖或否』便是：有些人聖
明，有些人（不聖明）只是賢明。這是個可笑的把
戲。」③

這幾句的理解，重點在於對「謀」和「艾」的訓釋，《毛傳》
和《鄭箋》皆訓「謀」爲「聰」，訓「艾」爲「治」，對於這
一點，高氏並沒有提出異議，不過，爲了使句式整齊，高氏這
樣地理解：

「下面幾句應該和第一句一樣是正反對舉：有
些人聰明，有些人不；有些人聰明，有些（只是）
多謀；有些人恭敬，有些人（只是）（被治理）被
迫聽從。這是說：即使在一個沒有安定而很小的國
裏，好人和壞人也是都有的；國君應該分別好壞而
後引用。」④

高說的弱點是加上了許多不必要的想像，他用「只是」、「被
治理」來釋《詩》，增字解經，純屬主觀推測，跟原文相去甚

遠。此外,「聰明」和「只是多謀」,「恭敬」和「只是被治理」,也不見得是正反對舉,故高說顯得甚為勉強。這幾句的意思其實十分清楚,可直接從字面去理解。本章原文是:「國雖靡止,或聖或否。民雖靡膴,或哲或謀,或肅或艾。如彼泉流,無胥以敗。」「或聖或否」句,上承「國雖靡止」,與下文「或哲或謀」,「或肅或艾」,不是平衡並舉的關係。前二句寫國家雖小,當中有通達事理者,有不達事理者,意指當政者宜細辨賢愚,善用人材,這是第一個層次。第三至第五句寫國民不多,但其中有的明哲,有的善於謀略,有的恭敬嚴肅,有的善於治國,可謂各擅勝場,當政者宜量才而用,以挽救衰敗之國運,這是第二個層次。高氏以為這三句皆正反對比,是強求詩句的一致,其實與《鄭箋》犯了同一的錯誤。

【註釋】

① 《十三經注疏》,上冊,頁449中。

② 同上。

③ 《高本漢詩經注釋》,上冊,頁572。

④ 同上。

《小雅‧小宛》──飲酒溫克

高本漢說：

「A《毛詩》在這裏沒有注釋；本篇第六章：
『溫溫恭人』，《傳》云：『溫溫（*wen/
uən/wen）和柔貌。』所以這句當是飲酒的時候，
他們溫和而自制。『溫』的基本意義是『溫暖』，
而引伸義『溫和』也是很普通的，見《周南‧燕燕
篇》，《秦風‧小戎篇》，《賓之初筵篇》，《商
頌‧那篇》；又《左傳昭公十二年》：外彊內
溫……。B《鄭箋》把『溫』解說為『溫藉』。
『溫藉』是　和『蘊藉』或『醞藉』一樣的，『蘊
藉』和『醞藉』在漢以後的文籍中指『殷勤有
禮』。鄭氏是把『溫』讀作*i̯wən/i̯uən/yün
〔ㄩㄣˋ〕。他也以為『溫』是《禮記‧內則》和
《禮器》所見的『蘊』的假借字。但先秦典籍中沒
有『溫』用作『蘊』或『醞』的例。A說多有實
證。」①

高氏說先秦典籍中沒有「溫」用作「蘊藉」的例子，但這並非事實。《大雅・雲漢》：「蘊隆蟲蟲。」②《正義》：「溫字，定本作蘊。」③《禮記・內則》：「問所欲而敬進之，柔色以溫之。」④《注》：「溫，藉也。承尊者必和顏色。」⑤

馬瑞辰《毛詩傳箋通釋》對此句論說甚詳：

> 「古『蘊藉』字皆借作『溫』。《內則》：『柔色以溫之。』《鄭注》：『溫，藉也。』《正義》曰：『言子事父母當和顏色，承藉父母，若藻藉承玉然。』《禮器》：『故禮有擯詔，樂有相步，溫之至也。』《鄭注》：『皆為溫藉，重禮也。』《正義》引皇氏云：『溫謂承藉。凡玉以物縕裹承藉，君子亦有威儀擯相以自承藉。《釋文》：『溫，紆運反。』是古『蘊藉』字作『溫』之證。『溫』、『尉』雙聲，故『溫藉』又作『尉薦』。《漢書・趙廣漢傳》：『以和顏接士，其尉薦待遇吏，殷勤甚備。』『尉薦』即『溫藉』也。溫藉于承薦之義，人之飲酒必有威儀以自承藉。故曰溫克。王讀溫如字，未若鄭訓溫藉為允。」⑥

其說較高氏為長。

【註釋】

① 《高本漢詩經注釋》，上冊，頁576。

② 《十三經注疏》，上冊，頁561下。

③ 同上。

④ 同上，下冊，頁1461下。

⑤ 同上。

⑥ 《毛詩傳箋通釋》，頁196。

《小雅・小宛》——温温恭人，如集于木

高本漢說：

「A《毛傳》云：恐隊也。所以這兩句的意思是：做溫和而恭敬的人，如同爬在樹上，怕掉下來，所以要小心謹慎。這樣講，因為下文是：惴惴小心，如臨于谷；戰戰兢兢，如履薄冰。後來的人也都接受這個講法。B另一說——如果作者的意思真是要用『集於木』來描寫一個危險的地位，他先前又說『溫溫恭人』就極其奇怪了。其實『集』字在《詩經》裏一般是指鳥在樹上棲止（《周南・葛覃》，《唐風・鴇羽》，《小雅・四牡》，《采芑》，《黃鳥》……）這種比喻就絲毫沒有『恐怕墜落』的意思，怕墜落也用不著溫和。這裏所寫的只是一種情景，如許多鳥似的，和睦而友好的一同安靜的歇在樹上：做溫和而有禮的人，如同（鳥類一樣）一起棲止在樹上。」①

高氏的論述並非沒有道理，「集」字的解釋，根據《說文》卷
四上雥部：「　　　，群鳥在木上也。从雥从木。　　，集，或
省。」②《段注》：「引伸爲凡聚之偁。」③「集」的本義是
群鳥止息於木，這是沒有爭議的，正如高氏所說，《詩經》中
其他篇章的「集」字，多用其本義，但是，「如集于木」一
句，是運用了比喻的修辭技巧，似不能跟其他篇章相提並論，
《毛傳》認爲像鳥集於木，比喻害怕要掉下來，這是很自然的
比擬，高氏以爲這樣的解釋與前句「溫溫恭人」不配合，是沒
有說服力的。況高氏亦指出《毛傳》的訓釋，是由於下文有
「惴惴小心，如臨于谷」、「戰戰兢兢，如履薄冰」等句。這
就更能證明毛說不誤，因爲這是《小宛》最後一章的三組句式
相同的句子，我們很難想像後二組句子是比擬處於危險的境
況，而偏偏「溫溫恭人，如集于木」僅是「一種情景」而已。

　　再考本詩詩旨，《詩序》云：「《小宛》，大夫刺幽王
也。」④《詩集傳》云：

　　　「此詩之詞最爲明白，而意極懇至。說者必欲
　　爲刺王之言，故其說穿鑿破碎，無理尤甚。今悉改
　　定。」⑤

《詩經原始》：

「今細玩詩詞首章，欲承先志，次章慨世多嗜
酒失儀，三教子，四勗弟，五、六則卜善自警，無
非座右銘。」⑥

上述是三種不同的看法，《詩序》以爲是「大夫刺幽王之
詩」，《詩集傳》以爲是「大夫遭時之亂，而兄弟相戒以免禍
之詩。」《詩經原始》：「賢者自箴也。」但不論孰者爲確，
本詩主題是表達一種處於亂世而產生警戒、勸勉之義，則爲眾
說之所同。故《毛傳》的說法是合理的。嚴粲《詩緝》曰：

「溫溫然恭謹之人，無過可指，然處今亂世，
如集于木而恐墜，如臨于谷而恐隕。戰戰而恐，兢
兢而戒，如履薄冰而恐陷，不敢不懼也。」⑦

可作《毛傳》註腳。

　　單此一句，高氏的講法或可成立，但從整首詩去考察，還
是以《鄭箋》的說法較爲可信。

【註釋】

① 《高本漢詩經注釋》，上冊，頁581。

② 《說文詁林》，冊5，頁1583b上。

③ 同上。

④ 《十三經注疏》，上冊，頁451下。

⑤ 《詩集傳》，頁138－139。

⑥ 《詩經原始》，下冊，頁879。

⑦ 《詩緝》，卷20，頁10。

《小雅・小弁》——弁彼鸒斯

《毛傳》云：「弁，樂也。」①高氏指出毛氏以爲它是「般（盤，槃）」的假借字。他反對毛氏的講法，並認爲『弁』應訓作『飛』，他說：

> 「『拚』又音*p'i̯wăn/p'i̯wɒn/fan，和『翻』字一樣，指『飛』；『弁』就是它的省體。所以這句是：烏鴉在飛。參看《周頌・小毖》：『拚飛維鳥』；《釋文》音『拚』為p'i̯wăn/p'i̯wɒn/fan；《文選注》引《韓詩》作『翻飛維鳥』，訓翻為飛貌；《鄭箋》大概知道《韓詩》，所以把『拚』講作『翻』。」②

高氏的訓釋有可疑之處。第一，「弁彼鸒斯」下接「歸飛提提」，「提提」是「狟狟」的假借，即「群飛貌」，③故「歸飛提提」就是「群起歸飛」之意。如依高氏的訓釋，把「弁彼鸒斯」解作「烏鴉在飛」，則與下句句意重複，不似詩人原意。第二，高氏忽略了本《詩》運用了興的手法，程俊英、蔣見元《詩經注析》說：

「按這二句是興，詩人以烏鴉不祥之鳥，還能
快樂地歸飛，而自己卻無罪見逐，連烏鴉都不
如。」④

分析精當，可謂得詩人之旨。

再看《說文》卷七上日部：「昪，喜樂皃。从日弁聲」⑤
《段注》：

「《小雅》『弁彼鸒斯。』《傳》曰：『弁，
樂也。』此昪之叚借也。《釋詁》、《詩序》皆
云：『般，樂也。』般亦昪之叚借也。古三字同音
盤，故相叚借，如此昪其正字而尠用之者。」⑥

段氏又於「覍」字下云：

「『弁』古音同『盤』……又假借為昪樂字，
如《詩‧小弁》《傳》曰：『弁，樂也。』即《衛
風》《傳》之『盤，樂也。』」⑦

這是肯定《毛傳》的說法。「弁」、「昪」古音同為並紐元
部，故「弁」假借為「昪」，是可以成立的。

【註釋】

① 《十三經注疏》，上冊，頁184中。

② 《高本漢詩經注釋》，上冊，頁583。

③ 這是《毛傳》的講法。參《十三經注疏》，上冊，頁184
中。

④ 《詩經注析》，下冊，頁601。

⑤ 《說文詁林》，冊8，頁2925a下。

⑥ 同上。

⑦ 同上，冊9，頁3834a上。

《小雅・小弁》——不屬于毛，不罹于裏

高氏說：

「『裏』指衣服的裏子，如《邶風・綠衣篇》：『綠衣黃裏』，常見。和『裏』字相對，『毛』指皮衣有毛的一面或外面。在這裏，『毛』與『裏』對舉，比喻『外面』和『裏面』。作詩的人是在訴苦：別人都有家宅，種著桑和梓，有父母可以依靠，而他卻沒有家也沒有親人，他十分孤獨而無依無靠：我不屬於有毛的外面，我也不屬於裏子的那一面；換言之：對外（因婚姻關係）和對內（因血緣），我都不屬於一個家。」①

高氏僅從字面去解釋，似流於表面。本章承上文「維桑與梓，必恭敬止。靡瞻匪父，靡依匪母」，是寫失去父母，無所依歸的痛苦。故林義光《詩經通解》謂：

「不屬于毛不離于裏，以裘為喻。古人衣裘以毛居外，而以布為裏，毛在外，故以喻父，裏在

內，故以喻母。今父母不得瞻依，則是外無毛而內

無裏，猶裘但有鞹，其孤可想矣！」②

林氏把這句理解作暗喻的寫作手法，表達孤苦無依，頗見理

順，且比高說高明。

【註釋】

① 《高本漢詩經注釋》，上冊，頁586。

② 《詩經通解》，頁176b。

《小雅‧小弁》──相彼投兔，尚或先之

　　高氏把這句講作「看那（投棄，被逐）突跳的兔子，或者還有人走到它前面（救它）。」①譯者說：

> 「原文以"Steps in front of him"譯『先』字，都錯了。『先』在這裏明明是動詞，指『搶先，佔先』。如此，高氏後一句的解釋非改動一下不可。」②

董氏的看法十分有理，本《詩》同章有「尚或墐之」句，《齊詩》、《韓詩》「墐」作「殣」，即埋葬之意，故「尚或先之」的「先」字，無疑應為動詞。高氏將之理解為「前面」，不足信從。馬瑞辰《毛詩傳箋通釋》曰：

> 「《廣雅》：『先，始也。』義與開近。《禮記》『有開必先』，先即所以開之也。開創謂之先，開放亦謂之先，先之即開其所塞也。先字从儿之會意，《說文》：『之，出也。』出之亦開之也。《箋》以為先驅走之，《集傳》以為先脫之，皆由不知先即為開，故必增成其義以釋之耳。」③

馬氏用「先」之引申義釋《詩》，能上承「尙或墐之」句。由
此看來，本章前四句，乃寫君子應有惻隱之心，馬氏結合前後
文來解《詩》，言之有理。

【註釋】

① 《高本漢詩經注釋》，上冊，頁589。

② 同上。

③ 《毛詩傳箋通釋》，頁200上。

《小雅・巧言》──僭始旣涵

高氏解釋這一句，引了五家的講法，茲詳錄如下：

「A《毛傳》訓『僭』為『數』（數責），以
為『僭』是『譖』*tsi̯əm/tsi̯əm/chen 的假借字，
《釋文》也說毛氏如此讀。《眾經音義》引《詩》
作『譖始』，是根據《毛傳》改的。《毛傳》又訓
『涵（函）』*g'əm/ɣâm/han為『容』。如此，這句
詩是：（亂事初起的時候），責難最先都容忍了。
這是說，毛氏又把『涵』當作『函』*g'əm/ɣâm/han
的假借字。B《鄭箋》：『僭，不信也。』這是用
『僭』的平常的意義（又見《鼓鐘篇》，《大雅・
抑篇》，《商頌・殷武篇》）。鄭氏又以為『涵』
*g'əm是『咸』*g'ɛm/ɣăm/hien的假借字，訓同。所
以：（亂事初起的時候）偽詐首先（和信實）不
分。C《說文》引《詩》訓『涵』為『水澤多
也』；所以：（亂事初起的時候），責難（不
信？）起初很（洋溢＝）多。參考《方言》（西漢
口語）訓『涵』為『沈』；《管子・度地篇》：

『涵則塞。』D朱熹一半用A，一半用A，把『僭始』當作一個名詞：（亂事初起的時候），首先的偽詐都被容忍了。E《韓詩》（《釋文》引）作『僭始既減』，訓『減』為『少』。這是用『減』的平常的意義。《釋文》和《切韻》都音『減』為 *kɛm/kam/kien〔ㄐㄧㄢ∨〕和 *g'ɛm/ɣam/hien〔ㄒㄧㄢ〕。所以：（亂事初起的時候），虛言最先被（削減）駁斥了。A，B，D都用假借來講，不如C和E。C和E本身都很好而且很實在。不過E更能合乎上下文。本章說：亂事初起的時候，虛言最初是駁斥了；亂事再起的時候，君子又信用讒言；如果君子表現忿怒，亂事很快的就會停止……。這裏敘述亂事第一次發生，後來又再起一次。很明顯的，第一次本來是平定了，而如上面的末句所說，平定的原因是君子對作亂的人發了怒。《韓詩》的本子和解釋都可以證實。」①

C和E較為實在，甚有理。然一作「僭始既涵」，一作「僭始既減」，用字有所不同。當遇到這種情況，高氏常見的做法，是指出不能確定那個是本子代表《詩經》原文。然處理本句，

高氏從詩句的上文下理來推論，以爲 E 較可取。其實用 C 說，
也可以把《詩》義說得很好。《說文》卷十一水部曰：「涵，
水澤多也。从水函聲。《詩》曰：『僭始既涵。』」②《段
注》曰：

> 「《小雅・巧言》文。《傳》曰：『僭，數；
> 涵，容也。』按：涵訓容者，就受澤多之義而引伸
> 之。」③

承元培《說文引經證例》曰：

> 「水部：『涵，水澤多也。从水函聲。《詩》
> 曰：「僭始既涵。」』此引《詩》證字也。《毛
> 傳》：『僭，數也；涵，容也。』水澤多則能容
> 物，義相足也。」④

可見訓「涵」爲「容」，其理可通。如從上下文去推敲，《毛
詩會箋》的講法，令人信服，竹添氏曰：

> 「涵，容畜之意。未即信之，亦不怒之，而姑
> 容之也。一涵字，寫盡庸主優柔禍根。始與下文又
> 字對。譖於是始入，則亂初生也。是時雖亂以譖而
> 生，猶未全信用，及後日全信，而亂又生也。至又
> 生，斯真亂矣。小人進讒，其始也數人之過，愬君

　　試之，人主不為之別白，遂致並蓄於胸次，而置之
　　於疑信之間，日月既久，心志惑移，猜忌之心不能
　　不生，猜忌既生，則心所疑惑者，往往以為驗，所
　　以信而用之也。君子如怒，怒字與上涵字緊對，讒
　　言之入，人君即不遽信，而不赫然震怒，以杜其後
　　來，則小人知其有可乘之隙，朋謀排擠，而君子危
　　矣。」⑤

他把上下文緊扣起來，《詩》意層層推進，狀若連環。反觀高
氏的講法，雖然也可以說得通，但實在沒有很好地解釋「僭始
既涵」、「君子信讒」、「君子如怒」之間的關係，似不如竹
添說圓通。

【註釋】

① 《高本漢詩經注釋》，上冊，頁591－592。

② 《說文詁林》，冊11，頁5042b下。

③ 同上。

④ 同上，頁5043a下。

⑤ 《毛詩會箋》，冊3，頁1300。

《小雅·巧言》──遇犬獲之

高氏說：

「A《鄭箋》：『遇犬，犬之馴者，謂田犬
也。』沒有佐證。鄭氏或許以為『遇』*ngiu 是
『寓』*ngiu 的假借字，『寓居的狗』，『和人一同
住的狗』便是『馴擾的狗』？B 王肅用『遇』的平
常意義：它遇到狗，（狗就）捉住它。這在文法上
不能說通。照這個意思，我們不如說：遇到的狗捉
住它。C《釋文》引舊讀為『愚犬獲之』：（狡黠
的兔子到處跳），一個笨狗也捉得住他。《莊子·
則陽篇》：『為物而愚不識』，《釋文》云：
『愚』*ngiu 或作『遇』*ngiuo 所以，《毛詩》的
『遇』可以照樣的是『愚』的假借字。C 說能表達
出『兔』和『愚』的對比，而且文法上沒有錯
誤。』」①

《說文》卷二下辵部曰：「遇，逢也。」②「遇」之本義為
「逢」，用平常的意義，可以把《詩》意說得十分暢達，高氏
以為「這在文法上不能說通」，沒有任何根據。我們可參看

《王風・中谷有蓷》：「遇人之艱難矣」、「遇人之不淑矣」，「遇」即訓「逢」，文法亦與本句近似，可作爲有力的佐證。「遇」跟「愚」固然有假借的條件，但從本《詩》上下文看來，「愚」和「毚」，不似有對比的關係。高氏一貫的訓釋方法，是儘量避免用假借義說《詩》，高氏處理本句，顯得自亂其例。

【註釋】

① 《高本漢詩經注釋》，上冊，頁595。

② 《說文詁林》，冊3，頁7。

《小雅·巷伯》——豺虎不食，投畀有北，有北不受，投畀有昊

《毛傳》曰：「北方寒涼而不毛……昊，昊天也。」①歷來說《詩》者多從毛訓。《孔疏》曰：

> 「豺虎若不肯受，則當擲予有北太陰之鄉，使凍殺之。若有北不肯受，則當擲予昊天，自制其罪，以物皆天之所生，天無推避之理，故止於昊天也。」②

朱熹《詩集傳》曰：

> 「北，北方寒涼不毛之地也。不食不受，言讒譖之人，物所共惡也。昊，昊天也。投畀昊天，使制其罪，此皆設言以見欲其死亡之甚也。」③

陳奐《詩毛氏傳疏》曰：

> 「《傳》釋北為北方，今奪一北字，『寒涼而不毛』又申釋北方之義。毛，草也。即今北方大漠不草之地。有昊猶言彼蒼，蒼天謂之蒼，昊天謂之昊，其義一也。《後漢書·馬授傳》：朱勃上書引《詩》釋之云：『此言欲令上天而平其惡。』勃能

說《韓詩》，與《毛詩》同。《箋》云：『付與昊
天，制其罪也。』《禮記‧緇衣》云：『惡惡如巷
伯。』」④

可見諸家的講法頗為一致。然而，高氏卻反對毛訓，另提出新
說：

「一般領域的名稱，一般都帶有個有字，而主
要的是關係於早期傳說中的君主和領土，並且來由
又是奇妙的繞圈子。例如舜在虞有領域，就得到有
虞氏的稱號；從有虞氏又把有虞兩個字分出來指他
的領土，如《左傳‧哀公》元年：『逃奔有虞。』
早期傳說中的領域有這樣名稱的很多，如『有
邰』，『有娥』⑤，『有扈』……。在這裏，『有
北』和『有昊』分明也有傳說的，甚或神話的意
味。不過它們既和『豺虎』相當，而『豺虎』是活
的生物，作為投棄壞人的對象的；所以『有北』一
定就是指『有北氏』，而『有昊』也一定是指『有
昊氏』，他們是神話中的暴君，比野獸還要可怕。
如此，這幾句是：如果豺和虎不吃他們，我就要把
他們投給有北氏；如此果有北氏不受他們，我就要

他們投給有昊氏。Waley 似乎有相同的見解，因為
他的譯述是：給在北方的帝君（北極星君？）……
給在上的帝君。不過『昊』只是『大，廣』而不是
『上』，而且『在上』也不能表達『有』字的意
味。」⑥

上引諸家訓釋，皆沒有正面訓「有」字，實以「有」為助詞。
王引之《經傳釋詞》亦以「有」為語助詞，論證甚詳：

　　　「有，語助也。一字不成詞，則加字以配之，
若虞、夏、殷、周皆國名，而曰有虞、有夏、有
殷、有周是也。（凡國名之上加有字者放此。）推
之他類，亦多有此。故邦曰有邦（《書‧皋陶謨》
曰：『亮采有邦。』又曰：『無教逸欲有邦。』）
家曰有家，（《皋陶謨》曰：『夙夜浚明有家。』
《易‧家人》：『初九曰：閑有家。』）室曰有
室，（《立政》曰：『乃有室大競。』）廟曰有
廟，（《易‧萃》《渙》二卦《象辭》竝曰：『王
假有廟。』）居曰有居，《書‧盤庚》曰：『民不
適有居。』）方曰有方，（《多方》曰：『告猷爾
有方多士。』）夏曰有夏，（《君奭》曰：『尚克

修和我有夏。』）濟曰有濟，（《僖二十一年・左
傳》曰：『實司大皞與有濟之祀。』）北曰有北，
昊曰有昊，（《詩・巷伯》曰：『投畀有北。』又
曰：『投畀有昊。』）帝曰有帝，（《昭二十九
年・左傳》曰：『孔甲擾于有帝。』）王曰有王，
（《書・召誥》曰：『有王雖小。』）司曰有司，
正曰有正，（《酒誥》曰：『庶士有正越庶伯君
子。』）僚曰有僚，（《雒誥》曰：『伻向即有
僚，明作有功。』）民曰有民，（《臯陶謨》曰：
『予欲左右有民。』）眾曰有眾，（《湯誓》曰：
『今爾有眾。』《盤庚》曰：『其有眾咸造。』）
幼曰有幼，（《盤庚》曰：『無弱孤有幼。』）政
曰有政，（《論語・為政篇》引《書》曰：『友于
兄弟，施于有政。』）事曰有事，（《易・震》六
五曰：『無喪有事。』）功曰有功，（見上『有
僚』條下。）比曰有比，（《盤庚》曰：『曷不暨
朕幼孫有比。』）極曰有極，（《洪範》曰：『皇
建其有極。』又曰：『會其有極，歸其有極。』）
梅曰有梅，（《詩》曰：『摽有梅。』）的曰有

的，（《賓之初筵》曰：『發彼有的。』）三宅曰

三有宅，三俊曰三有俊，（《書・立政》曰：『乃

用三有宅，克即宅』；『曰三有俊，克即俊。』）

三事曰三有事，（《詩・十月之交》曰：『擇三有

事。』）說《經》者未喻屬詞之例，往往訓為有無

之『有』，失之矣。」⑦

從以上引文可見，「有」作湊音節的語助詞，在古籍中甚為普

遍，《詩》中的例子也很多。高氏指出「有北」和「有昊」就

是「有北氏」和「有昊氏」，可是古籍中並無記載有這兩個氏

族。在沒有堅實的證據之下，我們似不宜把它們跟「有邰」、

「有娀」、「有扈」等例子並觀。

　　另外，高氏亦以為「有北」、「有昊」要與「豺虎」相

對，所以應該都是「活的生物」，然而，並不必然如此。程俊

英、蔣見元《詩經注析》從修辭的角度去分析，就得出不同的

結論：

　　「『示現』的藝術手法是將實際上不見不聞的

事物，寫得如聞如見。所謂不見不聞，或者已經過

去，或者還在未來，或者是作者想象的景象。都是

作家想象活動表現得最活躍的。示現有三種形

式……三是純屬懸想的，即現實生活中並不存在
的，如本詩的第六章。作者對一向造謠誣陷的讒人
憤恨異常，他設想這壞人一定會得到惡報，那個壞
蛋壞到連豺狼老虎都不願意吃他，壞到連北極的不
毛之地都不肯接受他，只好把他交給老天爺去治
了。這種懸想是奇特罕見的。雖然現實生活中不可
能有這種情況，但無比強烈的憎恨，使詩人產生了
這樣的奇想，而讀者的印象也更加深刻了。」⑧

詩人馳騁在豐富的想象中，詩筆縱橫跳躍，不足爲奇。此處高
氏死板地從上下文相應的觀點來說《詩》，說服力不強。

【註釋】

① 《十三經注疏》，上冊，頁456下。

② 《高本漢詩經注釋》，上冊，頁608。

③ 《詩集傳》，頁145。

④ 《皇清經解續編》，冊12，頁9241上－下。

⑤ 「娥」爲「娀」之誤。

⑥ 同②。

⑦ 《經傳釋詞》，頁32下。

⑧　《詩經注析》，下冊，頁618－619。

《小雅‧谷風》——維予與女

高氏說：

> 「A《鄭箋》：只有我和你（我們在一處）。
> 這是用『與』的普通意義『和』。B馬瑞辰：只有
> 我連合你。參看《小雅‧小明篇》：『正直是
> 與。』單就這一句說，B是可能的一說。不過A可
> 以把被譴責的人的心理表現得好一點：在恐懼的時
> 候，你願意我和你在一處；但在懽樂的時候，你就
> 背棄我。第二章也有相似的表現：『寘予于
> 懷』。」①

馬瑞辰《毛詩傳箋通釋》原文如下：

> 「瑞辰按：與，當讀如《小明詩》『正直是
> 與』及《儒行》『同弗與也』之與。與猶愛好之，
> 《小明‧箋》：『好，猶與也。』是也。《說
> 文》：『與，黨與也。从舁，从与。』黨，當作
> 攢；攢，朋群也。是與之本義謂相群與，與棄對
> 言。恐懼時獨我好女，以見昔之厚；安樂時女轉棄
> 予，以見今之薄。又二章『寘予于懷』，見昔友之

　　　　厚我，與上章『維予與女』，見昔我之厚友，亦為

　　　　相對成文。」②

馬氏的意見據《說文》而來，《說文》卷三上舁部：「與，黨
與也。」③再由此而引申作相愛好。馬氏指出「與」跟下章
「棄」為對言，正把被譴責的人的心理變化解釋得很好。高氏
以為馬瑞辰解這句為「只有我連合你」，真不知其所據。

【註釋】

① 《高本漢詩經注釋》，上冊，頁609。

② 《毛詩傳箋通釋》，頁205下。

③ 《說文詁林》，冊4，頁1145a上。又許君的訓釋似非「與」
　　之朔義。考「與」字金文寫作 ![字] （喬君鉦）、 ![字] （虢
　　鎛）、 ![字] （中山王䝏鼎）、 ![字] （中山王䝏壺），商承祚
　　《殷虛文字類編》曰：「《說文解字》：『與，黨與也。從
　　舁，從与。』古文作 ![字] 。卜辭諸字從舁，象二人相受授
　　形，知與受為與之初誼矣。」（參《說文詁林》，冊4，頁
　　1146a下）

《小雅・蓼莪》——欲報之德

　　《鄭箋》曰：「之，是也。」①《詩集傳》釋此句爲「欲報之以德」。②高氏贊同朱熹的看法，理由是《檜風・匪風》有「懷之好音」句，與本句句法相同。另外，高氏又認爲「之」當「是」用，《詩經》中只有「之子」的結合，故鄭氏的解釋顯得脆弱。③

　　高氏的分析有不合理之處。第一，鄭氏和朱氏的解釋，皆可在《詩經》中找到支持的例證，似不應棄鄭訓不用。第二，「之」用作指示代詞，除「之子」以外，還有其他例子。黎錦熙《三百篇之「之」》把這種用法稱作「代名形容詞」，他說：

　　　　「『之』之爲形容詞者，指示形容詞（即『代
　　　　名 形 容 詞 』 ； 英 語 definite demonstrative
　　　　adjective），猶『是』也，『此』也，『這』
　　　　（者）也，皆聲轉。所冠之名似有定習，別爲三
　　　　（A）之子；（B）之人（C）之德」④

《鄘風・蝃蝀》和《邶風・日月》皆有「乃如之人兮」句，《日月篇》《鄭箋》云：「之人，是人也。謂莊公也。」⑤

《鄘風‧君子偕老》：「展如之人兮。」《孔疏》曰：「誠如
是德服相稱之人，宜配君子。」⑥可見「之」作「是」解，可
以找到很多證據。第三，《詩經》中「之以」連用的句式甚
多，如《衛風‧木瓜》：「報之以瓊琚」、「報之以瓊瑤」、
「報之以瓊玖」，《鄭風‧溱洧》：「贈之以芍藥」，《齊
風‧著》：「尚之以瓊華乎而」等，亦有省去介詞「以」者，
如《小雅‧干斯》：「載衣之裳」即「載衣之以裳」，《大
雅‧生民》：「恆之秬秠」即「恆之以秬秠」，《大雅‧
抑》：「告之話言」即「告之以話言」。然本句「欲報之
德」，卻不像省去了介詞，因為本《詩》是思念父母對自己有
撫育的恩德，但卻不能終養，表達一種「子欲養而親不在」的
痛悲，故《鄭箋》解說符合《詩》意。再者，盡孝對中國人來
說，實理所當然，故對父母言「欲報之以德」，語氣很不自
然。

【註釋】

① 《十三經注疏》，上冊，頁460上。

② 《詩集傳》，頁147。

③ 參《高本漢詩經注釋》，上冊，頁611。

④ 《漢語釋詞論文集》，頁108。

⑤ 《十三經注疏》，上冊，頁298下。

⑥ 同上，頁314中。

《小雅・四月》——六月徂暑

高氏同意《毛傳》的講法。他說:

> 「《毛傳》(據《爾雅》):『徂,往
> 也。』;又作申說:『六月火星中,暑盛而往
> 矣。』所以:六月有將過去的暑熱。這是根據《左
> 傳・昭公三年》:『火中,寒暑乃退。』」①

譯者董同龢指出不明白高氏爲甚麼不把「徂」作主要動詞而又
添個「有」。②董氏的意見十分可取。其實「徂」可以作爲主
要動詞,而『夏』、『暑』、『予』押魚韻,故「六月徂暑」
疑是「六月暑徂」的倒文。此句則可解作「六月盛暑過去」。
此外,竹添光鴻《毛詩會箋》曰:

> 「四月、六月以夏正數之,建巳建未之月也。
> 首二句詠行役之苦,以寓時事熏心之義,南行最畏
> 暑,照應可玩。《昭三年左傳》:『辟如火焉,火
> 中,寒暑乃退,此其極也,能無退乎?』《杜注》
> 云:『火,心星,心以季夏昏中而暑退。』《傳》
> 正本《左傳》爲訓。暑盛而往,即是暑極而退之

　　意。天地之氣，以方來為盛，盛極即為衰，四月暑

　　方生為來，則六月暑盛功成將退為往也。」③

可補《毛傳》和高氏的講法。

【註釋】

① 《高本漢詩經注釋》，下冊，頁621。

② 同上，頁622。

③ 《毛詩會箋》，冊4，頁1355。

《小雅・四月》──先祖匪人

　　高氏在這一條之下引了三種說法。他否定了陳奐與馬瑞辰
的解釋①，而同意鄭玄的說法，《箋》曰：「匪，非也。寧猶
曾也。我先祖非人乎？」②高氏說：

> 「《鄭箋》照字講，把全句說成反問句，從上
> 下文的連貫看是對的：先祖如果不是人（為何
> 又……）」③

　　王夫之《詩經稗疏》駁斥鄭氏的訓釋，他說：

> 「《箋》云：『先祖匪人乎？』何為使我當此
> 難乎？以不勝亂離之苦，而遂詈及先祖，市井無賴
> 者之言，而何以云《小雅》怨悱而不亂乎？其云匪
> 人者，若非他人也。《頍弁》之詩曰：『兄弟匪
> 他』，義同此。」④

根據《鄭箋》的講法，作《詩》者便顯得莽撞無禮。《禮記・
經解》曰：

> 「孔子曰：「入其國，其教可知也，其為人
> 也，溫柔敦厚，《詩》教也。」⑤

《論語・陽貨》曰：

「子曰：『小子何莫學夫《詩》？《詩》可以

興，可以觀，可以群，可以怨；邇之事父，遠之事

君，多識於鳥獸草木之名。』」⑥

孔子雖從學《詩》的角度去立論，但從中亦可見《詩經》內
容，教人忠君敬父，正與儒家倫理相符。即使《四月》是行役
者怨刺之詩，但正如司馬遷所說，「小雅怨誹而不亂」⑦，詩
人似不應用侮辱先祖之辭，否則有違溫柔敦厚，怨悱不亂之
旨，因此王氏的說法確較合情理。另外，今人楊合鳴從句式結
構方面去解釋，他認為「先祖匪人」句是一種定語省略的現
象，即中心語「人」之前省略定語「他」。這一種結構，可在
《詩經》中找到其它例子。⑧由此可知，高氏的解釋不足取
信。

【註釋】

① 《高本漢詩經注釋》，下冊，頁622。

② 《十三經注疏》，上冊，頁462中。

③ 同①。

④ 《詩經稗疏》，載《皇清經解續編》，冊1，頁72上。

⑤ 《十三經注疏》，下冊，頁1609下。

⑥ 同上，頁2525中。

⑦ 語見《史記‧屈原賈生列傳》，載《史記》，冊8，頁
2483。

⑧ 參《詩經句法研究》，頁229。

《小雅·四月》──爰其適歸

《鄭箋》曰：

> 「爰，曰也，今政亂國將有憂病者矣，曰此禍
>
> 其所之歸乎，言憂病之禍，必自之歸為亂。」①

高氏指出《鄭箋》以為「爰」是個語助詞，而他的解釋是「模棱不清；又難免強通護」。②譯者董同龢認為《鄭箋》並沒有把「爰」當作語助詞，只是高氏錯誤理解《鄭箋》而已。從《鄭箋》的行文去看，董氏的看法是正確的。

此外，高氏又說：

> 「『爰』，如A說（案：即《鄭箋》的講
>
> 法），是個語助詞，《詩經》中時常有這麼用的。
>
> 『其』字是表示未來和願望的語氣的助詞。參看
>
> 《鄭風·溱洧篇》二章：『伊其將謔』；《豳風·
>
> 七月篇》：『其始播百穀』；《周頌·維天之命
>
> 篇》：『我其收之』。（常見，還有許多例。）又
>
> 特別參看《大雅·烝民篇》：『式遄其歸』。如
>
> 此，這句是：我要回家去。」③

高氏只引例證明「其」在《詩》中多用作語助詞，但卻沒有對
「爰」字的用法作詳細的論證。其實，「爰」應是一個發問
詞，相等今人所謂「何處」，如《鄘風・桑中》：「爰采唐
矣，沬之鄉矣。」《邶風・擊鼓》：「爰居爰處，爰喪其馬
乎？」「爰」皆作「何處」解。對於本句的「爰」字，亦宜作
如是觀。又林義光《詩經通解》曰：

> 「爰猶焉也，安也。爰、焉、安，聲之侈弇
> 耳。爰訓為於是，如『爰居爰處』之類。焉、安亦
> 訓為於是，如《月令》『天子焉始乘冬舟』、《楚
> 辭》『巫陽焉乃下招』、《老子》『往而不害安平
> 太』、《荀子・仲尼篇》『而暴國安自化矣』之
> 類。焉、安又訓為何處，故此《詩》之爰亦訓為何
> 處。」④

聞一多進一步闡釋林說：

> 「右爰字俱疑問代名詞，猶言在何處也。……
> 《四月篇》曰：『亂離瘼矣，爰其適歸？』猶言其
> 將歸向何處也。《正義》曰：『此憂病之禍，其何
> 所之歸乎？』任昉《為范尚書讓吏部表》曰：『亂
> 離斯瘼，欲以安歸？』皆與《詩》意符合。《家

語・辨政篇》，《華陽國志・九・李特雄期壽勢
志》並引《詩》愛作奚，字雖有誤，而於《詩》之
疑問語氣固自脗合。以上二篇諸愛字，《箋》俱訓
為『曰』，則詩人憂憤之情，悲呼之狀，胥不可見
矣。」⑤

觀林、聞二氏之說，詳實有據，較高說為長。

【註釋】

① 《十三經注疏》，上冊，頁462下。

② 《高本漢詩經注釋》，下冊，頁623。

③ 同上，頁623－624。

④ 《詩經通解》，頁157b。

⑤ 《詩經通義》，見《聞一多全集》，第2冊，頁173－174。

《小雅・北山》──率土之濱

　　《毛傳》：「率，循；濱，涯也。」①《鄭箋》：「此言王之土地廣矣，王之臣又眾矣，何求而不得？何使而不行？」②高氏反對毛氏的說法。他說：

　　　　「齊詩(班固的詩和《漢書・王莽傳》引)魯詩(《白虎通・封公侯篇》引)都作『率土之賓』。『賓』並不是『濱』的省體。在這裏，『賓』和下句『莫非王臣』的臣相應。『賓』也有『賓服，臣民』的意思，如《禮記・樂記篇》：『諸侯賓服。』《國語・楚語》：『其不賓也久矣(韋昭據《爾雅》云：『賓，服也。』)。這一來，『率』字也不能講作『循』了，因為全句如果是：沿土地的賓服的人，那實在不好講。『率』應該是『全部』的意思，如《禮記・祭義篇》：『古之獻繭者，其率用此歟。』如此，這句詩是：所有土地上的子民(藩屬)，沒有一個不是王的臣僕。參看《老子》第三十二章：『樸雖小，天下莫能臣也，侯王若能守之，萬物將自賓。這裏『臣』和『賓』

意義相類，而且前後相應，和本篇一樣。』」又
說：「『賓』和『臣』的相類(由《老子》得到強
力的支持)可確立B說。另一方面，如A說的『土之
濱』確也不是自然的組織。我們有『海濱』(見於
《尚書》，《左傳》，《孟子》)，『澗濱』(《召
南‧采蘋篇》)，『水濱』(《左傳》)，『渭濱』
(《左傳》)，『泗濱』(《尚書》)──『濱』都是
從水的觀點所見的邊緣。」③

《說文》卷十一下瀕部曰：「瀕，水厓也，人所賓附
也。」④王筠《說文句讀》曰：

「瀕，賓疊韻。《大雅》：『池之竭矣，不云
自瀕。』《傳》云：『瀕，厓也。』《箋》云：
『瀕當作濱，猶外也。』《釋文》云：『張揖《字
詁》云：「瀕，今濱。則瀕是古濱字。」』《禹
貢》：『海濱廣斥，泗濱浮磬。』《漢志》作瀕。
師古《注》：『瀕，水涯也，音頻，又音賓。』」
⑤

可見「濱」之本義是水邊。而「濱」在《北山》中的意義，清
代王氏父子釋之甚詳。王念孫《廣雅疏證》云：

> 「濱與邊聲相近，水濱猶言水邊，故地之四邊
> 亦謂之濱，《小雅・北山篇》云：『率土之濱』，
> 是也。」⑥

這是用詞義的引申來說明，即「濱」本指「水邊」，由於詞義的擴大，故「地之四邊」亦稱作「濱」。這正好反駁了高氏「『土之濱』確也不是自然的組織」的講法。又王引之《經義述聞》：

> 「《爾雅》曰：『率，自也。』自土之濱者，
> 舉外以包內，猶言四海之內，莫非王臣。非專指地
> 之四邊言之。《毛傳》訓『率』為『循』，於
> 《詩》義未協。《正義》曰：『言率土之濱，舉其
> 四方所至之內，見其廣也，於義為長。』」⑦

進一步申其父之說，意義引申得更遠，但卻更符合《詩》意。

【註釋】

① 《十三經注疏》，上冊，頁463中。

② 同上。

③ 《高本漢詩經注釋》，下冊，頁626。

④ 《說文詁林》，冊11，頁5125a上。

⑤ 同上，頁5126a上。

⑥ 《廣雅疏證》卷9下，頁300下。

⑦ 《經義述聞》卷6，頁154上。

《小雅・小明》——畏此罪罟

高氏說：

「A《毛傳》：『罟，網也。』馬瑞辰以為
《毛傳》的文字有錯誤，應當是：『罪罟，網
也。』《大雅・瞻卬篇》：『罪罟不收』，《毛
傳》云：『設罪以為罟。』由此可知馬氏的說法不
對。不過《說文》訓『罪』為『捕魚网』，似乎已
有馬氏的意念了。『罪刑，罪過』原來用『辠』
字，從秦代才改用『罪』字。如此，這句詩是：我
們怕這些（陷害人的）網罟；以此比喻陷於罪禍。
《大雅・瞻卬篇》的『罪罟不收』因此也要講作：
網罟不收起來，但是，『罟』指『網』雖然是熟知
的（見《易經》等），『罪』作『網』講卻從來沒
有例證。『罪』字在古書裏除了指『罪過，罪刑』
就再沒有別的意義。《說文》的訓釋一方面只是因
為字形是從『网』；另一方面也就是因為本篇（和
《瞻卬篇》）的『罪罟』連用，而『罟』的本意是
『網』。『罪罟』在這裏都有具體的意義不可能有

『網』的意思，因為本句和第二章以及第三章的
『畏此譴怒』『畏此反覆』平行。B《鄭箋》用
『罪』的普通意義，而以為『罟』是動詞；他說：
此罪刑網羅我。這又完全忽視了這一句和第二章
『譴怒』以及第三章『反覆』的關係。C《孔疏》
用『罪』的普通意義，作為『罟』的形容詞。『罪
刑的羅網』也是一種比喻。D另一說：『罟』
（*ko，上聲）是『辜』（*ko/kuo/ku平聲）的假借
字。『罪辜』連用是常有的，如《十月之交》篇和
《巧言》篇的『無罪無辜』。抄寫的人為何在這裏
把『辜』寫成『罟』也很容易看出來。原來複詞
『罪辜』的第一個字從『网』，所以『网』也就移
於第二個字。如此，這句詩是：我們怕罪刑（本鄉
的官府給我們的責難）。如此，《大雅·瞻卬篇》
『罪罟不收』也不是用普通的意義，而是指『捕
捉』：犯了罪的人不被捕捉。同篇第二章：『此宜
無罪，女反收之』，《毛傳》正訓『收』為
『拘』。只有D說可以使這一句和本篇第二三兩章
的『譴怒』和『反覆』相應（指抽象的『罪』、

『罪辜』）並且有《十月之交篇》和《巧言篇》的

『無罪無辜』作強力的佐證。」①

總括上列一段引文，高氏認為「罪」應訓作「罪過」、「罪
刑」，而「罟」是「辜」之誤。高氏的看法有可商之處。第
一，「罟」與「辜」的字形不大相近，似不可能誤抄。高氏指
出「原來複詞『罪辜』的第一個字從『网』，所以『网』也就
移於第二個字」，這是十分牽強的假設。第二，「罪」的本義
是漁网，《說文》卷七下网部曰：「　𦉲　，捕魚竹网。從网
非。秦以罪為辜字。」②而网部諸字，如「罤」、「罞」、
「繯」、「䍡」、「翼」、「罩」、「罾」等，皆訓作
「网」，故「罪」之本義為「网」，應確鑿不誤，後世以
「罪」代「辜」字，方作「罪刑」解。用「罪」之本義釋本
句，頗覺怡然理順，如《段注》曰：

「《文字音義》云：始皇以辜字似皇，乃改為
罪。按經典多出秦後，故皆作罪。罪之本義少見於
竹帛。《小雅》『畏此罪罟』、《大雅》『天降罪
罟』，亦辜罟也。」③

第三，高氏指出只有D說能與第二、三兩章的「譴怒」和「反
覆」相應，也似是而非，關於與下兩章相應的問題，前人已有
論及，如王筠《說文釋例》曰：

> 「《詩》言罪罟，猶《易》言網罟，今多複
> 語，古人已然。司馬子長《報任少卿書》：『及罪
> 至罔加。』亦複語，亦以罪與罔對言。」④

王紹蘭《說文段注訂補》曰：

> 「《小雅・小明篇》：『畏此罪罟。』《毛
> 傳》云：『罟，網也。』《鄭箋》云：『此刑罪羅
> 網我。』《大雅・瞻卬篇》：『罪罟不收。』
> 《傳》云：『罪罟，設罪以為罟。』《箋》云：
> 『施刑罪以羅罔天下。』紹蘭按：《小明》二章：
> 『畏此譴怒。』三章：『畏此反覆。』譴與怒、反
> 與覆，皆對文，明罪罟亦對文，以網為喻。《瞻
> 卬》云：『蟊賊蟊疾，靡有夷屆，罪罟不收，靡有
> 九夷瘳。』蟊與賊對，明罪當與罟對，亦是以網為
> 喻。二章：『此宜無罪』，『彼宜有罪』，方借罪
> 為刑辠。經典罪字，自秦以來，盡改用為刑罪，魚

網之義已亡。惟此三詩罪與罟連文，正古文古義之

僅存者。」⑤

馬瑞辰《毛詩傳箋通釋》曰：

「惟此詩罪罟二字平列，猶云網罟，與下章

『畏此譴怒』、『畏此反覆』語同，蓋罪字之本

義。《大雅》『天降罪罟』，義同。此詩《傳》不

釋罪字，疑有脫誤。本當作『罪罟，網也。』

《箋》直以罪為刑罪，失之。」⑥

此外，劉又辛《釋罪》⑦一文指出「罪」的本義是「網」，他

引司馬遷《報任少卿書》說：「『罪至罔加』一句，多解

『罪』為犯罪，『罔』即網字。按照漢代詞組結構規律，『罪

至』和『罔加』詞義應相近，互相補充。」劉氏的看法大體與

王筠相同，可見到漢代仍有用「罪」的本義。那麼，在更古的

《詩經》中，「罪」作「網」解，就完全不足為奇了。

【註釋】

① 《高本漢詩經注釋》，下冊，頁633－634。

② 《說文詁林》，冊8，頁3381a上。

③ 同上，頁3381a下。

④ 同上，頁3381b下。

⑤ 同上，頁3381a下－3381b上。

⑥ 《毛氏傳箋通釋》，頁214下。

⑦ 參劉著《文字訓詁論集》，頁325。

《小雅・小明》——畏此反覆

高氏說：

「A《鄭箋》：『反覆，謂不以正罪見罪。』
這是很難懂的。我猜想鄭氏的意思是：我們怕這種
不正當〔的方法〕（按錯的方法做事）。B朱熹：
『反覆，反側無常之意。』Legge：我們怕事情的
變動。C Couvreur：我們怕這個（傾覆）大禍災
（要來臨的）。參看《戰國策》：『欲反覆齊
國。』D另一說：『反覆』就是『重覆，諄諄告
誡』；所以：我們怕這些一次一次的命令。參看
《孟子・萬章篇下》：『反覆而不聽。』C說有個
很好的例證，很容易使人信從。不過和本篇各章對
照，仍然要採用D，各章都寫出征的兵士想回家，
不過怕本鄉的官府要說：我們怕罪責，譴責和忿
怒，我們怕一次次的命令。」①

其實《鄭箋》的意思十分明確，就是指當政者反覆無常，隨意
加罪於人。高氏的「猜想」，是對《鄭箋》的錯誤理解，自然
迂曲難通。對於「反覆」的解釋，歷來注家多以《鄭箋》為

本，《詩集傳》曰：「反覆，傾側無常之意也。」②《詩毛氏傳疏》曰：「反亦覆也。反覆，猶反側也。」③此外，我們還可參看《大雅・民勞》：「無縱詭隨，以謹繾綣。」《傳》曰：「繾綣，反覆也。」④《詩毛氏傳疏》曰：

> 「繾綣，猶展轉反覆，猶反側。《廣雅》云：
> 「展轉，反側也。」《何斯人・傳》云：「反側，
> 不正直也，反覆也，覆，顛覆也。」⑤

「繾綣」訓「反覆」，也是政令反覆無常之意。此外，本《詩》一章有「畏此罪罟」句，二章有「畏此譴怒」句，正與本章「畏此反覆」句相呼應，彼此義近，寫詩人畏懼當政者給他「罪罟」、「譴怒」和「反覆」，故鄭訓符合《詩》意。高說僅為臆測，不可從。

【註釋】

① 《高本漢詩經注釋》，下冊，頁634。

② 《詩集傳》，頁151。

③ 《皇清經解續編》，冊12，頁9250上。

④ 《十三經注疏》，上冊，頁548下。

⑤ 　同③，頁9319上。

《小雅・小明》──式穀以女

　　朱熹訓釋本句說：「穀，祿也。以，猶與也。」①高氏反
對朱的解釋，高氏說：

　　　　「『穀』是副詞，『以』就照平常講：（神聽

　　　信你）他們要好好的（用＝）待你。」②

高氏的看法不甚清晰。首先，他以爲「穀」是副詞，但「穀」
作何解，高氏沒有明言，反而朱熹訓「穀」爲「祿」，《詩》
中例證甚多，如《小雅・天保》「天保定爾，俾爾戩穀」、
《小雅・正月》「佌佌彼有屋，蔌蔌方有穀」、《魯頌・有
駜》「君子有穀，詒孫子」，「穀」皆訓「祿」。其次，他認
爲「『以』決不能當『給』講」③，卻沒有說明原因，事實
上，「以」通作「與」，解作「給」，可以在古籍中找到例
證，如《召南・江有汜》：「之子歸，不我以」，《箋》曰：
「以，猶與也。」④《儀禮・燕禮》：「君曰：『以我安卿大
夫。』」「以」亦訓「與」。此外，席世昌《讀說文記》曰：

　　　　「鄭《注》《檀弓》『則豈不得以』下云：

　　　『以，已也。以與已本同。』《釋文》：『㠯，古

　　　以字。』《疏》：『以，用之。』以與休已之以二

　　字古昔本同，故得假借為用，後世二字之義始

　　異。」⑤

由此可見，高氏的講法是不能成立的。

　　另外，本《詩》下章有「神之聽之，介爾景福」句，語意

應與「神之聽之，式穀以女」相同，「介爾景福」即「賜給你

大福氣」，再對比「式穀以女」，則朱說近是。

【註釋】

①　《詩集傳》，頁152。

②　《高本漢詩經注釋》，下冊，頁637。

③　同上，頁636。

④　《十三經注疏》，上冊，頁292中。

⑤　《說文詁林》，冊14，頁6637b上。

《小雅‧甫田》——倬彼甫田，歲取十千

　　歷來《詩經》的注家對「十千」有很多不同的解釋。高氏引了三家的講法，茲引錄三家的原文如下：

　　《毛傳》曰：「言多也。」①

　　《鄭箋》曰：

> 「甫之言丈夫也。明乎彼大古之時，以丈夫稅田也。歲取十千，於井田之法，則一成之數也。九夫為井，井稅一夫，其田百畝；井十為通，通稅十夫，其田千畝；通十為成，成方十里，成稅百夫其田萬畝。欲見其數，從井通起，故言十千，上地穀畝一鍾。」②

　　嚴粲《詩緝》曰：「今曰謂什一也，百取十焉，萬取千焉。」③

　　高氏同意《毛傳》的講法，他說：

> 「《毛傳》：『十千，言多也。』陳奐和若干人想到毛氏就是說『一萬』，所以Waley就把這句譯作『我們每年取一萬』。其實中國話的10000，

就是『萬』，不該說『十千』。所以毛氏決沒有那

個意思；他的意思一定是：每年我們取（十抵一千

＝）百倍的收成。……清朝的學者都不用鄭玄和嚴

粲的說法。Ａ（《毛傳》）分明最可信。」④

首先，高氏說「中國話的10000，就是『萬』，不該說

『十千』」的結論，這話頗有商榷的餘地，唐詩中用「十千」

代「萬」的就有不少，如李白《將進酒》：「陳王昔時宴平

樂，斗酒十千恣讙謔。」王維《少年行》：「新豐美酒斗十

千，咸陽遊俠多少年。」這可能是詩歌要遷就字數的關係，也

可能與詩人的用詞習慣有關。

其次，高氏把《毛傳》理解爲「每年我們取（十抵一千

＝）百倍的收成」，實在很令人費解。《毛傳》所說的「言多

也」，意思十分清晰，就是指數量之多而已。《周頌・噫嘻》

亦有「十千」一詞：「駿發爾私，終三十里，亦服爾耕，十千

維耦」，《毛傳》曰：「終三十里，言各極其望也。」⑤《鄭

箋》曰：「耕言三十里者，舉其成數。」⑥《孔疏》曰：

「各極其望，謂人目之望所見，極於三十，每

各極望，則徧及天下矣。三十以極望爲言，則十千

　　維耦者，以萬為盈數，故舉之以言，非謂三十里內

　　有十千人也。」⑦

方玉潤《詩經原始》曰：

　　　　「竊意《詩》言『三十里』者，一望之地也。

　　言『十千維耦』者，萬眾齊心合作也。一以見其人

　　之眾，一以見其地之寬，非有成數在其胸中。不意

　　後儒竟為持籌核算，計畝受夫，絲釐弗爽，有謂萬

　　夫之地方三十里少半里者，有謂三十里有奇者，又

　　有謂萬耦當云五千耦者，真是癡人說夢，烏足當人

　　一哂哉？詩本活相，釋者均獃，又安能望其以意逆

　　志，得詩人言外旨哉？」⑧

可見在《噫嘻篇》中，「三十里」和「十千」皆虛數而已。本

篇的「十千」亦當作如是觀。

　　事實上，古漢語中的數詞很多時候皆不能解作實數。關於

這點，前人早有說明，清人汪中《述學‧釋三九》曰：

　　　　「先人之措辭，凡一二之所不能盡者，則約之

　　九以見其極多。此言語之虛數也。實數可稽也，虛

　　數不可執也……推之十百千萬，固亦如此。故學古

　　者通其語言，則不膠其文字矣。」⑨

高氏訓「十千」爲「百倍」，正是膠於文字，不通古語的表現。

【註釋】

① 《十三經注疏》，上冊，頁473中。

② 同上。

③ 《詩緝》，卷23，頁1。

④ 《高本漢詩經注釋》，下冊，頁658。

⑤ 《十三經注疏》，上冊，頁592上。

⑥ 同上。

⑦ 同上。

⑧ 《詩經原始》，下冊，頁1272－1273。

⑨ 《述學》，卷1，頁2－4。

《小雅・頍弁》──實維何期

高氏說：

「Ａ《鄭箋》把『期』當語助詞，讀
*ki̯eg/kji/ki，以為和『其』的用法相同。如此，這
句《詩》是：那是什麼意思呢。（和上章的『實維
伊何』一樣）。沒有佐證。Ｂ《釋文》引王肅，用
『期』字的平常讀法*gʻi̯eg/gʻji/kʻi 和平常的意義
『時期』：這是什麼（時期＝）時候了。」①

鄭氏的訓釋，爲後世學者遵從。如《詩集傳》曰：「何期，猶
伊何也。」②《詩毛氏傳疏》曰：「一章伊何，二章何期，三
章在首，實一意也。」③《詩經原始》曰：「何期，猶伊何
也。」④《毛詩稽古編》曰：

「《鄭》云：『何期，猶伊何也。期、詞也。』

故《釋文》：『期，音基。』」⑤

高氏以爲鄭說沒有佐證，故採Ｂ說。事實上，除本《詩》外，
確不能找到「期」作語助詞的證據。然而，古籍中「何其」、
「何居」的用法甚多，如王引之《經傳釋詞》曰：

「其，問詞之助也。或作期，或作居，義並同也。《書・微子》曰：『予顛躋，若之何其。』鄭《注》曰：『其，語助也，齊、魯之間聲如姬。』（見《史記・宋世家集解》）《詩・園有桃》曰：『彼人是哉，子曰何其？』（《傳》曰：『夫人謂我欲何為乎？』）《庭燎》曰：『夜如何其？』《頍弁》曰：『實維何期？』《箋》曰：『期，辭也。』（《釋文》：『本亦作其』）《禮記・檀弓》曰：『何居？我未之前聞也。』《鄭箋》曰：『居，讀如「姬姓」之「姬」，齊、魯之間助語也。』又曰：『吾許其大而不許其，何居？』《郊特牲》曰：『二日伐鼓，何居？』《成二年左傳》曰：『誰居？后之人必有任是夫？』《襄二十三年傳》曰：『誰居？其孟椒乎？』（杜《注》：『居，猶與也。』）《莊子・齊物論篇》曰：『何居乎？』（案：『「居」，猶「乎」也，居下不當復有「乎」字，疑因下文而衍。《釋文》出「何居」二字，無「乎」字。』）形固可使如槁木，而心固可使如死灰乎？」②

「其」、「期」二字同爲群紐之部，「居」字見紐魚部。見、群皆爲牙音，之、魚則屬旁轉關係，故「期」通「其」、「居」，其說可從。反觀高氏以爲「何期」應解作「什麼（時期＝）時候」，在《詩經》中找不到這樣的用法。

【註釋】

① 《高本漢詩經注釋》，下冊，頁675。

② 《詩集傳》，頁161。

③ 《皇清經解續編》，冊12，頁9263上－下。

④ 《詩經原始》，下冊，頁965。

⑤ 《皇清經解》，冊2，頁959上。

⑥ 《經傳釋詞》，頁53上。

《小雅‧都人士》──彼都人士

高氏說：

「Ａ《毛傳》沒有講『都』，顯然是用平常的意義：那些都城的官吏。Ｂ馬瑞辰：那些美的官吏。參看《鄭風‧有女同車篇》：洵美且都，《毛傳》：『都，閑也。』『都』字這兩個意義大概在基本是一個；『美』就是『京都式的，時髦的』，和『鄉土的』相對。所以我們似乎可以不猶疑的把這一句講作『那些時髦的官吏』。不過下文有『行歸于周』，足見『都』確當『都城』講。（《毛傳》訓周為忠信，經生氣十足。）」①

如此看來，高氏把「都」訓作「都城的、時髦的」；把「士」訓作「官吏」。這兩個訓釋皆有可議之處，首先，都作美解，馬瑞辰已提出了許多例證，他說：

「《逸周書‧大匡解》：『士惟都人，孝悌子孫。』是『都人』乃『美士』之稱。《鄭風》：『洵美且都』、『不見子都』，都皆訓『美』。美色謂之都，美德亦謂之都。都人猶言美人也。」②

徐灝《說文解字注箋》曰：

> 「都本都鄙之偁，《穀梁僖十六年·傳》：
> 『民所聚曰都。』《廣雅》曰：『十鄉為都。』是
> 也，因之凡聚會之地皆曰都，其後乃為大都小邑之
> 偁又為凡都總之偁。戴氏侗曰：『都邑之人容服閒
> 雅，故《詩》云「彼都人士」，又曰「洵美且都」
> 也，又為歎美之辭。』」③

從徐氏所提供的線索，可知「都」訓「美」，是由「都鄙」的
本義引申而來，高氏解作「時髦的」，其實已用引申義釋
《詩》，高氏因為下面有「行歸於周」一句，而堅持「都」應
解作「都城」，是不必要的。相反，本章寫「都人士」衣飾風
度，故以「美」釋「都」，怡然理順。

其次，「士」固然可解作「士大夫」，即高氏所謂「官
吏」，但「士」一般是作男子的通稱，《詩經》中這種用法甚
多，如《鄭風·女曰雞鳴》：「女曰雞鳴，士曰昧旦。」《鄭
風·褰裳》：「子不我思，豈無他士。」《召南·野有死
麕》：「有女懷春，吉士誘之。」《周頌·載芟》：「思媚其
婦，有依其士。」「士」皆作「男子」解。本篇「都人士」與
「君子女」對舉，實是一首戀歌，且從文意去看，也沒有顯示

「男方」的身份，故高氏把「士」理解作「官吏」，純是一種
揣測，似不如用「士」的一般意義來得合理。

【註釋】

① 《高本漢詩經注釋》，下冊，頁699。

② 《毛詩傳箋通釋》，頁239上。

③ 《說文詁林》，冊7，頁2787b上。

《小雅・都人士》──綢直如髮

《毛傳》曰：「密直如髮也。」①《鄭箋》曰：

「彼君子女者，謂都人之家女也。其情性密
緻，操行正直，如髮之本末無隆殺也。」②

《毛詩傳箋通釋》曰：

「《說文》：『鬈，髮多也。』《詩》作
『綢』，為叚借字，以四章『卷髮如蠆』，五章
『髮則有旟』，皆極言髮之美，則知『綢直如
髮』，亦謂髮美，『如髮』猶云『乃髮』，乃猶其
也。即謂綢直其髮耳。《傳》、《箋》並讀『如』
為『譬如』之『如』，失其義矣。」③

高氏對上述各家的解說皆表示不滿，而同意陳奐的意見，他
說：

「陳奐訓『如』為『而』（常有的）。我想，
他訓『如』為『而』是用『然』的意思（常有
的），『然』是副詞後的助詞。所以，『綢直如』
連讀；這句詩是（他們的）頭髮多密且長。參看
《邶風・旄丘篇》：『褎如充耳』（褎如＝褎而＝

褎然）；《鄭風‧野有蔓草篇》：『婉如清揚』

（婉如＝婉而＝婉然）；《召南‧何彼襛矣》：

『華如桃李』（華如＝華而＝華然）；……。或者

有人反對，以為這一來『如』字和第四章『卷髮如

蠆』的『如』就不一樣了。其實本篇各章用字本來

就是不完全相應的，如第五章便是：『髮則有

旟』。」④

高氏反對《傳》、《箋》和馬氏的講法，都提出了充份的理

由，是可以相信的。不過，他以陳說為是，卻不甚妥當。陳奐

《詩毛氏傳疏》的原文如下：

「《傳》讀『綢』為『周』，故釋『綢』為

『密』。《說文》：『周，密也。』杜注《昭二十

年左傳》：『周，密也。周謂之密。凡從周得聲

字，皆可謂之密。』《說文》：『㐱，稠髮也。』

『鬙，髮多也。』稠、鬙竝有密義。密直如髮，言

其髮之密直。如猶而也，與四章云『彼君子女，卷

髮如蠆』意同。」⑤

首先，陳氏的講法，與高氏的理解有所出入。陳氏認為「如」

訓「而」，而且與第四章的解釋一致。高氏卻認為第一章和第

四章的「如」字用法各有不同。「如」作「而」解，《詩經》
中確有不少例證，高氏所引就有《邶風》、《鄭風》、《召
南》的三個例子，但這些都不是很強的證據，正如譯者指出：

> 「高氏常常注意節律，這裏為何不加考慮呢？
>
> 下面引的例證，在『如』前面都只是一字，後面都
>
> 是兩個字。」⑥

這就是說，從節律、句式去看，高氏所引的例子根本與「綢直
如髮」不同，故自然不能以此為確證。其實「如」作「而」
解，而又與「綢直如髮」節律、句式相同者，還是可以找到一
些例子，像《鄭風・羔裘》：「羔裘如濡，洵直且侯。」《小
雅・車攻》：「不失其馳，舍矢如破。」皆是。但再細心推
敲，以上兩例「如」字之後皆為形容詞。「濡」指「潤澤」，
「破」指「被射中」，都是形容某種情況。反觀「綢直如髮」
一句，根據高氏的理解，「髮」指「頭髮」，是一個名詞，故
上述兩例，亦不適用。對於這句詩，我認為胡承珙的講法最為
可取，胡氏《毛詩後箋》曰：

> 「竊意《經》言其髮之密直如此，古文倒裝，
>
> 故云其綢直者有如此之髮也。」⑦

簡單地用「如」常用的意義，《詩》義更顯明暢。

【註釋】

① 《十三經注疏》，上冊，頁493下。

② 同上。

③ 《毛詩傳箋通釋》，頁239下。

④ 《高本漢詩經注釋》，下冊，頁700－701

⑤ 《皇清經解續編》，冊12，頁9272下。

⑥ 同④，頁701。

⑦ 《皇清經解續編》，冊8，頁5568。

《小雅・都人士》──謂之尹吉

　　高氏用《孔疏》的講法，把這句解作「謂之正直而嘉善。」①即訓「尹」爲「正直」；訓「吉」爲「善」。高氏又說：

> 「《鄭箋》以爲尹是姓；吉是姞的省體，氏名。如此，這句是：他們稱他們尹和吉。如果這裏真是在幾十個姓之中單另提出這兩個少見的姓，真是怪事了。陳奐已經指出，本句寫女子的好處，和其他章相應，而言裏是讚揚品德的美。」②

首先要指出的是，高氏對《鄭箋》有所誤解，《鄭箋》的原文如下：

> 「吉讀爲姞，尹氏、姞氏，周室昏姻之舊姓也。人見都人之女，咸謂尹氏姞氏之女，言其有禮法也。」③

「都人之女」，實即「君子女」，鄭氏的意思是大家都稱「君子女」爲「尹氏姞氏之女」。高氏把這句釋爲「他們稱他們尹和吉」，意義很不明確，也與鄭氏原意相去甚遠。

其實，《鄭箋》的講法是可以相信的。除本篇以外，《詩
經》中的「尹」字凡三見，分別爲《小雅·節南山》：「赫赫
師尹，民具爾瞻。」「尹氏大師，維周之氏。」《大雅·常
武》：「王謂尹氏，命程伯休父。」皆作姓氏解。「吉」字通
「姞」，亦宜作姓氏解。《說文》卷十二下女部：「姞，黃帝
之後伯鯈姓，后稷妃家也。」④《說文通訓定聲》曰：「吉，
叚借爲姞。」⑤「吉」爲見母質部，「姞」爲群母質部，是一
對聲母相近的疊韻字，故「姞」可假作「吉」。

嚴粲《詩緝》曰：

> 「《孔疏》曰：『《節南山》云：「尹氏大
> 師」，《常武》云：「王謂尹氏」，《昭二十三
> 年》：「尹氏立王子朝」，是其世爲公卿，明與周
> 室爲昏姻也。又《宣三年左傳》：「鄭石癸云：
> 『吾聞姬姞耦，其子孫必蕃，姞，吉人也。后稷之
> 元妃也。言姬姞耦，明爲舊姓，以此知尹亦有昏姻
> 矣。既世貴舊姓，昏連於王室，家風不替，是有禮
> 法矣。』……」李氏曰：『周之所謂尹吉，如晉之
> 所謂王謝也。』」⑥

高氏的講法，正顯出他不明中國古代姓氏的情況。

【註釋】

① 《高本漢詩經注釋》，下冊，頁701。

② 同上，頁701－702。

③ 《十三經注疏》，上冊，頁494上。

④ 《說文詁林》，冊12，頁5522b下。

⑤ 同上，冊3，頁606b下。

⑥ 《詩緝》，卷24，頁14。

《小雅·黍苗》——我任我輦

《小雅·黍苗》：「我任我輦，我車我牛。」《毛傳》
曰：「任者輦者，車者牛者。」①《鄭箋》曰：

> 「營謝、轉餫之役，有負任者，有輓輦者，有
> 將車者，有牽傍牛者。其所為南行之事既成，召伯
> 則皆告之云可歸哉。刺今王使民行役，曾無休止
> 時。」②

高氏反對《毛傳》和《鄭箋》的講法，他同意馬瑞辰的訓釋。
高氏說：

> 「馬瑞辰把第一句整個的講：我們裝載我們的
> 手車。照這個樣子，以下幾句就要譯作：我們把車
> 套在牛身上。（我車我牛），我們使徒卒跟隨戰車
> （我徒我御）；我們編列軍隊（我師我旅）。」③

高氏以為馬氏把「我」釋作自身之稱，然而《毛詩傳箋通釋》
原文如下：

> 「《傳》：『任者，輦者。』《箋》：『有負
> 任者，有輓輦者。』瑞辰按：《呂氏春秋·舉難
> 篇》曰：『甯戚將車以至齊。』《淮南子·道應

篇》曰：『甯越為商旅，將任車。』高誘《注》：
『任，載也。』引《詩》『我任我輦』。是高氏以
《詩》『我任』即為任車。據《淮南子》又曰：
『甯越飯牛車下』，則所云任車即牛車耳。今按
《周官・鄉師注》：『輦，人輓行，所以載任
器。』則輦亦曰任。下始言『我車我牛』，車、牛
為一，則上言『我任我輦』，即謂以輦載任器，亦
為一事而分言之，不得如《箋》訓為負任，亦不得
如高誘以為任車也。《爾雅・釋訓》：『徒御不
驚，輦者也。』徒御二字當連讀，謂徒步而御車
者。此詩『我徒我御』，亦一事而分言之，詩人語
多相類而不嫌其複，徒御即上之輦，正不必如
《傳》、《箋》之過為區別耳。」④

馬氏並沒有對「我」作出解釋，而馬氏於《周南・葛覃》「言
告師氏，言告言歸」句下曰：

「《傳》從《釋詁》訓言為我者，《詩》中如
『我疆我理』、『我任我輦』、『我車我牛』之
類。『我』皆語詞。」⑤

即清楚指出「我」是語助詞。《大雅‧綿》有「乃疆乃理」，可證「我」訓「乃」，而馬說不誤。劉義光《詩語詞集釋》曰：

> 「《出車》之『我出我車』，陳奐氏謂與『我將我享』句法相同，則『我車』之『我』，亦為語詞矣，《黍苗》『我任我輦，我車我牛』、『我徒我御，我師我旅』，《毛傳》釋為：『任者、輦者、車者、牛者，徒行者，御車者、師者、旅者。』《箋》云：『有負任者、有挽輦者、有將車者、有牽傍挚者，有步行者，有御兵者。』《傳》、《箋》俱不釋『我』字，諸『我』字，竝語詞，馬氏瑞辰說是。」⑥

由此可見，高氏誤解馬瑞辰對本《詩》「我」的訓釋。

【註釋】

① 《十三經注疏》，上冊，頁495中。

② 同上。

③ 《高本漢詩經注釋》，下冊，頁705。

④ 《毛詩傳箋通釋》，頁240下－241上。

⑤ 同上，頁13上。

⑥ 《詩語詞集釋》，頁144－145。

《小雅·隰桑》──德音孔膠

高氏解釋這句，用《列女傳》引《魯詩》的講法。他說：

> 「《列女傳》引《魯詩》，也把『膠』講作『固』，不過以為那是指夫妻關係的緊密。如用這個意思。本句是：（我既看見君子），他的美名使我們緊密的結合。參看《車舝篇》：『德音來括』。」①

對於「德音」的訓釋，眾說紛紜，莫衷一是。屈萬里《詩三百篇成語零釋》曰：

> 「蓋音者，聲音；德音者，雖非實謂有德之音，而德字亦非『有凶有吉之謂』。細味其旨，蓋乃斥他人語言之敬詞，猶今語『高論』、『卓見』之比，非必其論皆高而其見皆卓也……《日月》之『德音無良』者，謂『其言無良』也；《谷風》之『德音莫違』者，謂『莫違其言』也；《小戎》之『秩秩德音』、《假樂》之『德音秩秩』者，謂『其言有序』也（《小戎》《朱傳》：『秩秩，有序也。』）；《車舝》之『德音來括』者，冀能

　　　『接其鶖欤』也；《鹿鳴》之『德音孔昭』者，義
　　猶《泮水》之『其音昭昭』，謂『其言明晰』也；
　　《隰桑》之『德音孔膠』者，膠義當如《風雨》
　　『雞鳴膠膠』之膠，謂其『語音高朗』也。凡此皆
　　可以『其言』之義說之而無扞隔者也。」②

姜昆武《詩書成詞考釋》曰：

　　　「按德音一詞，自春秋戰國至漢以後指國家統
　　治者政教之音，或其行事之足以影響於政教者言。
　　就其詞面之含義論之，皆用其本義，似當歸之通語
　　一類，然就其使用地點、對象言，凡《詩》所見十
　　一次，除《邶風·日月》一例外，無不與統治階級
　　政教有關。故吾人以此詞為政教上專用成詞……
　　《隰桑》『既見君子，德音孔膠』，言稱君子，與
　　《車舝》等同其為明堂政教之令語無疑。」③

屈氏簡單地把「德音」釋為「其言」，卻避開了對「德」字的
訓釋。姜氏以為「德音」必與政教有關，也不可信。撇開經生
《詩》教的觀點，《日月》、《谷風》、《有女同車》、《小
戎》、《車舝》等諸篇，或寫婦人怨言、或寫對女子思慕、或

寫思念征夫、或寫新婚之樂，皆言男女之情，故以上諸篇的
「德音」似不能與政教扯上關係。

　　回看高氏的意見，把這句理解作描寫夫婦關係的緊密，並
依《毛傳》，把「膠」訓「固」，有可取之處，但訓「德音」
為「美名」，於義未當。高氏雖引《小雅・車舝》為例，但不
能以此為確證。根據向熹《詩經詞典》④，《詩經》中「德
音」作四解，一解作「善言」，如《邶風・谷風》：「德音莫
違，及爾同死」；二解作「好名譽」，如《秦風・小戎》：
「厭厭良人，秩秩德音」、《小雅・南山有臺》：「樂只君
子，德音不已」；三解作「道德品行」，如《邶風・日月》：
「乃如之人兮，德音無良」、《小雅・鹿鳴》：「我有嘉賓，
德音孔昭」；四解作「有美德的人」，如《小雅・車舝》：
「匪飢匪渴，德音來括」。可見「德音」在《詩》中意義並不
統一，不能一概而論，所以高氏的引證是徒勞的。

　　于省吾《詩德音解》對本篇「德音」講法很有參考的價
值：

　　　「《隰桑》：『既見君子，德言孔膠。』《毛
　　　傳》訓膠為固，未確。馬瑞辰《毛詩傳箋通釋》謂
　　　『膠當為儌之消借』，並引《方言》和《廣雅》訓

為盛，很對。這是說，『既見君子，德言甚盛』，『德言甚盛』指君子言之。若仍舊作『既見君子，德音孔膠』，則『德音』猶言『令聞』，于義殊不可通。因為君子之『令聞孔膠』，與既見、未見無涉，如果認為在『既見君子』之後，君子的『令聞』才能孔膠的話，這就無異于說，在未見君子之前，『令聞』便不能孔膠了。把君子『令聞孔膠』的原因歸之于『既見』，這是難以理解的。」⑤

于氏謂「德音」即「德言」。理解這一句，「德音」宜從于說，「膠」宜從毛說，整句寫女子設想與情人相聚，情話依依，膠固纏綿，則《詩》意暢達。

【註釋】

① 《高本漢詩經注釋》，下冊，頁708。

② 《詩三百篇成語零釋》，載《文史哲學報》第4期（1952年），頁7－8。

③ 《詩書成詞考釋》，頁208－211。

④ 《詩經詞典》，頁75－76。

⑤ 《澤螺居詩經新證》，頁199。

《小雅·漸漸之石》──曷其沒矣

《毛傳》：「沒，盡也。」①《鄭箋》：「曷，何也。廣闊之處，何時其可盡服?」②《孔疏》：

> 「毛以為時遠征戎狄，戎役罷勞，言戎狄之地有漸漸然險峻之山石，我等登之，維其終竟，言當徧歷此石也。又山之與川，其間悠悠然路復長遠，我所登歷，何時其可盡徧矣?」③

《詩集傳》：

> 「曷，何。沒，盡也。言所登歷何時而可盡也。」④

以上眾說，「沒」皆作「盡」解，不過，鄭氏與孔、朱二氏，所指各有不同。高氏同意「沒」解作「盡」，但卻另立新說，他說：

> 「這一句既和『維其勞矣』相應，也應該有相當的意思。因此，『沒』應該依《毛傳》講作『盡』；不過是如上文A的意思而是『筋疲力盡』。所以：哦，多麼沒有氣力。參看《論語·陽貨篇》：『舊穀既沒』。」⑤

高氏的說法十分可疑。首先，這一句要與「維其勞矣」有相當的意思，根本就不能成立。一詩中前後章句式相似，但意義不同者，在《詩經》中比比皆是。其次，高氏引《論語·陽貨》「舊穀既沒」爲證，亦只能說明「沒」在先秦典籍中，可作「盡」解，並不能支持「筋疲力盡」之說。故高氏所提出的理由並不充分。

從整首詩去考察，「曷其沒矣」上承「山川悠遠」一句，依照《孔疏》，解作「何時其可徧盡矣」，實在怡然理順。況「曷」是一個常用的疑問代詞，此處應作「何時」解，無論從語氣和文義去考察，「沒」都不可能解作「筋疲力盡」。陳奐說：

> 「《說文》：『汆，終也。』沒與汆通，
>
> 《傳》云：『盡者言欲歷盡久長之道也。』亦『維
>
> 其勞矣』之意。」⑥

對這一句的解釋兩面俱到，可證高說之非是。

【註釋】

① 《十三經注疏》，上冊，頁500上。

② 同上。

③ 同上。

④ 《詩集傳》，頁173。

⑤ 《高本漢詩經注釋》，下冊，頁717。又「因此，『沒』應
該依《毛傳》講作『盡』；不過是如上文A意思而是『筋疲
力盡』」一句，高氏原文作"Mo therefore has the meaning of
'to exhaust' (with Mao), but not in the sense of a above, but in the
sense of 'exhausting, doing away with all one's forces'"，董氏譯
文不甚清晰。

⑥ 《皇清經解續編》，冊12，頁9277下。

《小雅・苕之華》——牂羊墳首，三星在罶

《毛傳》曰：

> 「牂羊，牝羊也。墳，大也。罶，曲梁也，寡婦之笱也。牂羊墳首，言無是道也；三星在罶，言不可久也。」①

《鄭箋》曰：

> 「無是道者，喻周巳衰，求其復興，不可得也。不可久者，喻周將亡，如心星之光耀見於魚笱之中，其去須臾也。」②

毛、鄭皆言此二句喻周道衰微，不能久存。朱熹則從字面去理解詩義，他說：

> 「牂羊，牝羊也。墳，大也。羊瘠則首大也。罶，笱也。罶中無魚而水靜，但見三星之光而已。」③

高氏認為以上的說法都不能成立。他採陸德明《經典釋文》的解說，指出「罶」是「霤」的假借字，即「簷霤」之意。他說：

「《唐風・綢繆篇》有『三星在隅』和『三星
在戶』，都是寫從屋子的各方看到三星；而這一句
也恰恰如此。這個例證的確可以確立D說(即陸
說)，現在更求瞭解本篇的難懂的比擬，我們還要
看詩裏相類的題旨和相類的比喻。本篇是人民貧苦
的怨言；凡這一類的詩，抱怨的對象都是無能的領
導階層。這就是問題的關鍵。」④

他總結這兩句詩的講法：

「母羊有大的(有角的)頭(就是說：在上的人是
懦夫，雖他們看起來強壯)；三星在罾罶(中看得
見)(就是說：上級的人富貴榮華，遠離人民的疾
苦)；人民就是能有食物，也沒有幾個能吃飽。」
⑤

高氏的說法有可議之處。首先涉及詩旨的問題。高氏引
《唐風・綢繆》爲證，意謂《綢繆》與《苕之華》題旨相類，
然考《綢繆》之旨，大致有兩種說法，《毛序》云：

「《綢繆》，刺晉亂也。國亂昏姻不得其時
焉。」⑥

魏源《詩古微》曰：

「《釋文》引韓詩云：『邂覯』，不固之貌，

則知此蓋亂世憂婚姻之難常，而非刺婚姻之不得

時。」⑦

皆以此詩爲刺晉亂之作。姚際恆《詩經通論》：

「《序》謂『國亂，婚姻不得其時』，恐亦臆

測。如今人賀人作花燭詩，亦無不可也。」⑧

《毛詩傳箋通釋》：「此詩設爲旁觀見人嫁娶之辭。」⑨《詩

經原始》：「賀新婚也。」⑩以上幾位著名的清代學者指此詩

純寫婚姻之事，非如《毛序》所云，有深一層之諷刺意義。反

觀《苕之華》一詩之旨，各家說法頗爲一致。《詩序》：

「《苕之華》，大夫閔時也。」⑪《鄭箋》：

「大夫將師出，見戎、夷之侵周而閔之，今當

其難，自傷近亡。」⑫

《詩經通論》：

「此遭時饑亂之作，深悲其不幸而生此時

也。」⑬

《詩經原始》：

「周室衰微，既亂且饑，所謂大兵之後，必有

凶年也。人民生當此際，『不如無生』，蓋深悲其

不幸而生此凶荒之世耳。」⑭

可見《苕之華》是一首反映年荒人饑之詩，卻並無諷刺周室之

意。由是觀之，無論用哪一種說法作比較，《唐風・綢繆》和

《小雅・苕之華》的詩旨迥異，高氏之說亦不攻自破。

　　此外，高氏以「罶」為「霤」的假借字，也很值得懷疑。

第一，在古籍中找不到相同的例子；第二，《唐風・綢繆》雖

有「三星在隅」和「三星在戶」之句，但亦有「三星在天」一

句，所以並不能證明「罶」字一定解作屋子的一部分。《說

文》：「罶，曲梁寡婦之笱，魚所留也。」⑮「罶」的本義是

捕魚之器。《小雅・魚麗》有「魚麗于罶，鱨鯊」句，可作佐

證。若以本義解《詩》，頗見理順，竹添光鴻《毛詩會箋》：

「《朱傳》謂：『羊瘠則首大，罶中無魚而水

靜，但見三星之光而已。言饑饉之餘，百物彫耗如

此。』蓋牂羊墳首，陸族之彫耗也。三星在罶，水

族之彫耗也，舉二者而天壤之物，從可知矣。焦氏

《易林》云：『牂羊墳首，君子不飽，年饑孔荒，

士民危殆，亦引為年饑之一端，蓋百物彫耗，不必

　　　　因天時，饑人競采，則野草亦盡，不足以飼羊，河

　　　池魚蟹亦盡，至于罶中見星也。』」⑯

此說詳密可信。高氏棄本義不用，以借義釋《詩》，一來頗見
迂曲，二來亦有違他一貫的治學方法。

【註釋】

① 《十三經注疏》，上冊，頁501上

② 同上。

③ 《詩集傳》，頁174。

④ 《高本漢詩經注釋》，下冊，頁719。

⑤ 同上，頁720。

⑥ 《十三經注疏》，上冊，頁364上。

⑦ 《魏源全集‧詩古微》，頁527。

⑧ 《詩經通論》，頁132—133。

⑨ 《毛詩傳箋通釋》，頁107上。

⑩ 《詩經原始》，頁565。

⑪ 《十三經注疏》，上冊，頁500下。

⑫ 同上。

⑬ 《詩經通論》，頁256。

⑭　《詩經原始》，頁1011—1012。

⑮　《說文詁林》，冊8，頁3383b上。

⑯　《毛詩會箋》，冊4，頁1585。

《大雅·文王》——有虞殷自天

　　《毛傳》:「虞,度也。」①《鄭箋》:「有,又也。」②根據這一說法,此句可作「又度殷所以順天之事而行之」解。③

　　高氏否定上述的說法,他說:

　　　　「『虞』是傳說中的大聖人和帝王舜的封號,看《尚書·堯典》。照《尚書》,他讓位於禹而沒有自己建立一個朝代。不過《左傳》卻保存了較古的傳說,哀公一年說到舜的後代叫有虞。在夏朝做虞的君主。此外又有若干周代的文獻有不同於尚書的記載,說有虞氏在夏朝之前真是一個朝代。《禮記·檀弓》篇是《禮記》中最早的一篇(由語言可知)云:『有虞氏瓦棺,夏后氏堲,殷人棺椁,周人牆置翣。』很清楚的,這裏的有虞氏決不是單指舜,而是指夏以前的一個時期或朝代。《呂氏春秋·審應篇》又云:『今虞夏殷周無存者』,足以證實古代確有那麼一個傳統,而『虞』很清楚的是四個朝代的第一個而不單指舜。現在在本篇這一

句裏，第一便是『有虞』，其次是『殷』；下文又提到『文王』，周朝的創始者；『有虞』和『殷』和『文王』連在一起，不能說是偶合。所以不這麼講而以為『有』是『又』，『虞』是動詞，總是沒有法子講通......這句詩的意思是：有虞(最早的朝代)和殷(室)來自上王(就是受天之命的意思)」④

其實，毛、鄭的說法是可以相信的。首先，「虞」作「度」解，古籍中例子甚多。《尚書‧大禹謨》：「儆戒無虞。」⑤《傳》：「虞，度也。」⑥《禮記‧少儀》：「隱情以虞。」⑦《注》：「虞，度也。」⑧《孟子‧離婁》：「有不虞之譽，有求全之美。」⑨此處「虞」亦作「度」解。其次，「有」假借作「又」，更是屢見不鮮。《尚書‧堯典》：「朞，三百有六旬有六日。」⑩《周禮‧考工記‧弓人》：「量其力有三均。」⑪《儀禮‧鄉射禮》：「唯君有射于中國。」⑫《禮記‧內則》：「三王有乞言。」⑬《老子》十六章：「六親不和，有孝慈。」⑭《荀子‧哀公》：「士不信愨而有多知能。」⑮例子多不勝舉。而清人大都同意《毛傳》、《鄭箋》的解說，吳闓生《詩義會通》曰：

「虞，度也。有、又通。又當虞度殷之興亡自

王者。」⑯

陳奐《詩毛氏傳疏》曰：

「言度殷之未喪師者，皆自天也。度，猶鑒

也。」⑰

事實上，「又」、「有」古音同屬匣紐之部，為雙聲疊韻字，

完全符合同音通假的條件。

再者，從整首詩的脈絡去看，本詩的第四章至第六章皆言

及殷朝之事。第四章：「商之孫子，其麗不億。上帝既命，侯

于周服。」⑱言殷之後代臣服於周。第五章：「殷士膚敏，祼

將于京。」⑲言殷人到周京祭祀。第六章：「殷之未喪師，克

配上帝。宜鑒于殷，駿命不易。」⑳言以殷為鑒之重要。故在

第七章提及殷朝以作結，是順理成章之事。正如日人竹添光鴻

說：

「有，又也。《內則》：『三王有乞言。』

《注》：『有，讀為又。』《士相見禮》：『吾子

有辱。』《注》：『有，又也。』《鄉射禮》：

『惟君有射於國中。』《注》：『古文有作

又。』《管子・宙合》：『有橐天地。』

《注》：『有，又也。』楊倞注《荀子》：『有，讀為又。』凡十餘見。古書有、又相通者多矣。虞，謂慮而備之也。殷之興也自天，其廢也亦自天。然殷自天，主其天祿永終言之，故曰虞，監殷之所以失，必法文王之所以得。此二句蓋以申上章之意，下四句又以結通篇焉。」㉑

這種解釋既有例證，亦切合上文下理，是可以成立的。全詩多以殷事為鑒，高氏以「有虞」為最早的朝代，則顯得突兀，而不合詩意。

【註釋】

① 《十三經注疏》，上冊，頁505下。

② 同上。

③ 《高本漢詩經注釋》，下冊，頁740。

④ 同上，頁740-741。

⑤ 《十三經注疏》，上冊，頁134下。

⑥ 同上。

⑦ 同上，下冊，頁1515上。

⑧ 同上。

⑨ 同上，頁2723上。

⑩ 同上，上冊，頁119下。

⑪ 同上，頁936下。

⑫ 同上，頁1012中。

⑬ 同上，下冊，頁1468上。

⑭ 《諸子集成》，冊3，頁112。

⑮ 同上，冊2，頁358。

⑯ 《詩義會通》，頁200。

⑰ 《皇清經解續編》，冊12，頁9282下。

⑱ 《十三經注疏》，上冊，頁504下。

⑲ 同上，頁505上。

⑳ 同上，頁505中。

㉑ 《毛詩會箋》，冊4，頁1611。

《大雅·文王》——儀刑文王

高氏說：

「《周頌·我將篇》：『儀式刑文王之典』，
字比本句多而大意相同。《毛傳》訓『儀』為
『善』；《鄭箋》的解說是：我們善於效法文王的
典則。Legge 用《文王篇》的《鄭箋》，把
『儀』、『式』、『刑』三個字都看作同義字：我
效法，仿行，襲用文王的法規（Couvreur 的講法大
致相同）。但是三個同義字連用是古典的中文所不
許的。於是 Waley 的解釋就是：我們的禮節（儀
式）取法（＝刑）文王的法則。這在文法上就比較
好了。但是實際上『式刑』才是複詞，而『儀』則
是和『宜』一樣的。『儀』和『宜』語源上只是一
個詞（兩個字都音*ngia，平聲)，所以古書互用。
『儀刑文王』出現的《文王篇》又有『宜鑒于殷』
一句，《齊詩》作『儀監于殷。』『儀』和『義』
（*ngia，去聲)是語源上有關係的字。『儀』的基
本意義是『正當的事』；『宜』的基本意義是

『……正當的』，所以又指『應當』。如此說來，

《我將篇》的『儀式刑文王之典』是：我們應當仿

行文王的法則。本篇的『儀刑文王』是：你應當效

法文王。」①

　　高氏的說法很值得懷疑。對於《周頌・我將》：「儀式刑

文王之典」一句，朱熹《詩集傳》曰：「『儀』、『式』、

『刑』，皆法也。」②高氏言古籍中不許三個同義字連用，並

不是事實。《小雅・四月》：「亂離瘼矣。」③《周頌・維

清》：「維清緝熙。」④『亂』、『離』、『瘼』同義；

『清』、『緝』、『熙』同義，皆爲三個同義字連用的例子。

故朱說可從。

　　此外，《說文》卷八上人部曰：「儀，度也。」⑤《段

注》曰：「度，法制也。」⑥而《說文》卷五上工部曰：

「式，法也。」⑦是故「儀」和「式」可同訓作「法」，而且

可以在古籍中找到例證。如《周語》「度之於軌儀」⑧，韋昭

《注》：「儀，法也。」⑨《管子・形勢解》「儀者，萬物之

程式也。」⑩《左傳・昭公六年》：「《詩》曰：『儀式刑文

王之德。』」⑪《正義》曰：

　　　　「杜言文王以德為儀式刑法也，則儀、式、刑

三者皆為法也。」⑫

更可證朱說不誤。

【註釋】

① 《高本漢詩經注釋》，下冊，頁743。

② 《詩集傳》，頁176。

③ 《十三經注疏》，上冊，頁462中。

④ 同上，頁584下。

⑤ 《說文詁林》，冊9，頁3558a下。

⑥ 同上。

⑦ 同上，冊6，頁2018a下。

⑧ 《國語》，上冊，頁34。

⑨ 同上。

⑩ 《諸子集成》，冊5，頁330。

⑪ 《十三經注疏》，下冊，頁2044。

⑫ 同上。

《大雅・文王》──萬邦作孚

《毛傳》：「孚，信也。」①《鄭箋》：「儀法文王之事，則天下咸信而順之。」②高氏認爲毛、鄭都漏了解釋「作」字。

朱熹《詩集傳》：「惟取法於文王，則萬邦作而信之矣。」③此處「作」作「興起」解，高氏認爲此說把作字講得太過火，他說：

> 「『作孚』只是『有信心』的意思。所以這句詩是：所有的邦國都有信心。」④

然「作」作「有」解，在《詩經》及其他古籍中都找不到例證。「作」字甲骨文作 （鐵八一・三）⑤，金文有寫作 (頌鼎)⑥「乍」甲文作 （甲一〇一三）、（鐵・八三・二）、（餘七・二）、（京津一〇三三）等形⑦，金文作 （矢伯卣）、（天亡簋）、（中山侯鉞）、（師害簋）等形⑧，二字寫法一樣。王筠《說文解字句讀》：

> 「鐘鼎文以乍為作，然則『乍』是上古通借字，『作』是中古分別字。」⑨

「乍」在甲骨文和金文中皆用作連詞，與「則」通⑩，揆諸文理，此處「作」亦宜作「則」解。

　　此外，在連詞之後，「信」應是動詞，即「相信」、「信任」。此句詩宜解作：則萬邦信任。

【註釋】

① 《十三經注疏》，上冊，頁505下。

② 同上。

③ 《詩集傳》，頁176-177。

④ 《高本漢詩經注釋》，下冊，頁743。

⑤ 《甲骨文編》，頁342。

⑥ 《金文編》，頁564。

⑦ 《甲骨文編》，頁498-499。

⑧ 《金文編》，頁835-838。

⑨ 《說文詁林》，冊9，頁3550a上。

⑩ 郭沫若引卜辭：「我其巳㫃，乍(則)帝降若，我勿巳㫃，乍(則)帝降不若。」(前七・三八・一)說：「乍讀爲則，《大豐殷》：『不(丕)顯王乍(則)相，不(丕) 緐 王乍(則)唐。』亦用乍爲則。《書・多方》：『任聖罔念作(則)狂，惟狂克

念作(則)聖。』與此爲同例語。意言『我如儐祀鬼神，則帝
降若，我如勿儐祀鬼神，則帝降不若。』」參郭著：《卜
辭通纂》，頁365。

《大雅・大明》──聿懷多福

高氏說：

> 「朱熹（據《爾雅》）訓『懷』為『來』：那
> 麼來了許多幸福。」①

《詩集傳》於「昭事上帝，聿懷多福。厥德不回，以受方國」

四句之下說：

> 「昭，明；懷，來；回，邪也。方國，四方來
>
> 附之國。」②

觀朱氏文意，不似訓「來」為「來了」③，譯者董氏的講法很

有道理，他說：

> 「朱子的『來』怕不是簡單的『來』而是「招
>
> 徠」的意思。這裏的『懷』和下文『以受方國』的
>
> 『受』相應。」④

《說文》卷五下來部曰：「來，周所受瑞麥來麰也。」⑤

「來」本義為「麥」，假借作「行來」之「來」，再引申作

「招來」之「來」。朱訓「懷」為「來」，實「招來」之意。

這種用法，可以找到例證，如《周頌・時邁》：「懷柔百神，

及河喬岳。」⑥《禮記・中庸》：「懷諸侯則天下畏之。」⑦

「懷」並訓「招來」，朱訓正用此意。高氏顯然誤解了《集傳》的講法。

【註釋】

① 《高本漢詩經注釋》，下冊，頁746。

② 《詩集傳》，頁178。

③ 高氏原文把「懷」譯作"come"。參"Glosses on the Taya and Sung odes"，載 *Bulletin of the Museum of Far Eastern Antiquities* Vol. 18（1946）p.13。

④ 《高本漢詩經注釋》，下冊，頁747。

⑤ 《說文詁林》，冊6，頁2300b下。

⑥ 《十三經注疏》，上冊，頁589上。

⑦ 同上，下冊，頁1630上。

《大雅·大明》──燮伐大商

馬瑞辰《毛詩傳箋通釋》曰：

「《傳》：『燮，和也。』《箋》：『使協和伐殷之事。協和伐殷之事，謂合位三五也。』瑞辰按：『燮』與『襲』雙聲，『燮伐』即『襲伐』之假借。猶《淮南子·天文篇》：『而天地襲矣』，高《注》：『襲，和也。』『襲』即『燮』字之借也。《春秋左氏傳》曰：『有鐘鼓曰伐，無曰襲。』《公羊·僖三十三年》何休《注》：『輕行疾至，不戒以入，曰襲。』《周書·文傳解》引《開望》曰：『土廣無守可襲伐。』伐與襲對文則異，散文則通。《風俗通·皇霸篇》引下章『肆伐大商』作『襲伐』，竊謂『襲伐』本此章『燮伐』之異文，《三家詩》蓋有用本字作『襲伐』者，應劭偶誤記為下章文耳。『燮伐』與『肆伐』義相成，『襲伐』言其密，『肆伐』言其疾也。據《公羊·注》以『襲』為輕行至，則『襲伐』與『肆

伐』義亦相近。《傳》、《箋》 訓『燮』為
『和』，失之。」①

高氏反對馬氏的講法，理由是它不合語音的條件。高氏又說：

「『燮』是同音的『躞』字（ *siɑp/siep/sie)的
省體；這句詩是：進軍攻伐大商。『躞』字先秦古
書未見；不過複詞『躞蹀』卻見於很早的《切韻》
殘卷，六朝詩裏面也很通行（例如梁武帝的一首
詩）。《楚辭·九章》有『眾踥蹀而日進兮』（注
訓『踥蹀』為『行貌』），『踥蹀』*ts'iɑp-d'iɑp 就
和『躞蹀』*siɑp-d'iɑp相像……」②

按：馬氏認為「燮」為「襲」之假借，提出了《左傳》、《公
羊傳》和《周書》等有力的書證；高氏認為「燮」是「躞」的
省體，卻找不到先秦的例證，馬訓顯然較高說為勝。從語音上
去考察，「燮」字古音心紐葉部，「襲」字古音邪紐緝部。心
紐、邪紐同屬齒頭音，葉、緝二部是旁轉的關係。事實上，
「燮」、「襲」二字音近通假，有足夠的語音條件，高說並不
足據。

【註釋】

① 《毛詩傳箋通釋》，頁250上。

② 《高本漢詩經注釋》，下冊，頁752。

《大雅‧大明》──文定厥祥

高氏說：

> 「A《毛傳》說這一句是說大姒的『文德』，
> 訓『祥』為『善』；所以：她的善，美而確定。B
> 鄭玄和朱熹用『禮』字解說『文』：她用好的禮
> （禮物）定吉祥的事。①（Couveur 大意同。）不
> 過『文』決不能那麼講。C Waley 以為『文』是
> 『文王』的省稱：文（王）定一個吉祥的日子。如
> 說『文王定厥祥』節奏就不對了。《江漢篇》有
> 『文武受命』，『文』和『武』是『文王』和『武
> 王』的省略。C 說是從上下文得來的：文王定個吉
> 祥的日子，到渭水親迎。」②

高氏的講法有可商之處。第一，高氏用《江漢篇》的例子，不
足以證實 Waley 的講法。《詩經》中以「文」作「文王」省稱
者，實僅兩見，一為《大雅‧江漢》：「文武受命」；一為
《魯頌‧閟宮》：「至于文武」，然皆「文」、「武」連用。
換言之，「文」字獨用而指「文王」，《詩》中未見其例，況
本《詩》有「此生文王」、「維此文王」、「文王初載」、

「文王嘉止」、「命此文王」等句，同篇之中，單單本句以「文」作「文王」之省稱，實在不大可信。第二，高氏指出「文」不能解作「禮」，亦非事實，《國語・周語上》：「以文脩之。」③《注》：「文，禮法也。」④《荀子・禮論》：「文之至也。」⑤《注》：『文，謂法度也。』⑥可知「文」可訓「禮儀法度」。

《鄭箋》曰：

> 「問名之後，卜而得吉，則文王以禮定其吉
> 祥，謂使納幣也。」⑦

《集傳》曰：

> 「文，禮；祥，吉也。言卜得吉而以納幣之，
> 定其祥也。」⑧

我們可以印證《儀禮》中對古代婚俗的說明，《士昏禮》中清楚記載由議婚到迎親，有所謂「納采」、「問名」、「納吉」、「納幣」、「請期」、「親迎」等六個步驟。⑨《詩》言「文定厥祥」，即「六禮」中之「納幣」。「下文定」的習慣，現仍保留在很多地方的婚俗中。由是可見，鄭玄和朱熹的講法，十分可靠。

【註釋】

① 「她」字疑爲「他」之誤。高氏原文作 "By the fine ceremonies（gifts）he fixed the auspicious affairs"，參 "Glosses on the Taya and Sung odes"，*Bulletin of the Museum of Far Eastern Antiquities* Vol.18（1946）p. 14。

② 《高本漢詩經注釋》，下冊，頁749。

③ 《國語》，上冊，頁2。

④ 同上。

⑤ 《諸子集成》，冊2，頁248。

⑥ 同上。

⑦ 《十三經注疏》，上冊，頁507中。

⑧ 《詩集傳》，頁178。

⑨ 參《十三經注疏》，上冊，頁961－964。

《大雅‧大明》——時維鷹揚

高氏說:

> 「A《毛傳》:『鷹揚,如為鷹之飛揚也。』
> B王照圓和孫星衍據《爾雅》『鸉,白鷢也』,以
> 為這裏的『揚』是『鸉』的省體:他是鷹鸉。如馬
> 瑞辰所說:《後漢書》高彪作箴曰:『尚父七十,
> 氣冠三軍,詩人作歌,如鷹如鸉』……則古詩者蓋
> 已有以『揚』為『鸉』之假借者……。郝懿行《爾
> 雅義疏》同。如A說,原文當作『如維揚鷹』才合
> 語序;我們一定要說,為押韻才改作『鷹揚』。那
> 麼說非常不好。因此B似乎可取。」①

B說的根據是《爾雅》和《後漢書》,都屬較後期的書證。按
高氏的訓釋原則,這些都不能作為確證。《說文》卷十二上手
部曰:「揚,飛舉也。」②張舜徽《說文解字約注》曰:

> 「揚之言易也,謂手舉其物而飛動也。引申為
> 凡舉之稱。手舉其物飛動謂之揚,猶風所飛揚謂之
> 颺。」③

由此引申，鳥舉翼而飛亦謂之揚。《小雅・沔水》有「鴥彼飛
隼，載飛載揚」句，可以爲證。此外，本《詩》七、八章皆寫
周人伐紂的情況，最後一章極力渲染武王軍威之盛，「維師尙
父，時維鷹揚」二句寫太師尙父之勇猛無匹，如鷹之飛揚，則
詩人筆下之人物神貌，躍然紙上。若依高說，以「揚」爲
「䭹」之假借，則《詩》義平淡無味，意蘊頓失。另外，「如
維鷹揚」的語序不見得有任何問題，高氏謂原文當作「如維揚
鷹」，令人十分費解。

【註釋】

① 《高本漢詩經注釋》，下冊，頁754。

② 《說文詁林》，冊12，頁5442b下。

③ 《說文解字約注》，卷23，頁47上。

《大雅・棫樸》——追琢其章，金玉其相

《毛傳》曰：「追，雕也。金曰雕，玉曰琢。相，質也。」① 《鄭箋》曰：

> 「《周禮》追師掌追衡笄，則追師亦治玉也。相，視也。猶觀視也。」②

高氏同意《鄭箋》的說法，他說：

> 「在這裏『相』是名詞，指相貌；所以：他的(文采)外表好像雕琢過的，他的相貌好像金的玉的。」③

這種講法很值得懷疑。陳奐從詩意方面去推敲，他說：

> 「上句言章，下句言相。上句言雕琢，下句言金玉，合二句成辭以見興也。金玉以雕琢而明其質，四方以綱紀而端其本，其理一而已矣。」④

此說甚為合理，此外，《說文》卷四上：

> 「相，省視也，從目從木。《易》曰：『地可觀者，莫可觀於木。』……」⑤

《段注》補充說：

　　　　「按：目接物曰相，故凡彼此交接皆曰相，其

交接而扶助者則為相瞽之相，古無平去之別也。

《旱麓》、《桑柔》《毛傳》云：『相，質也。』

質謂物之質與物相接者也，此亦引伸之義。」⑥

況後世有「金相」一詞，解作「質美」，如謝朓詩《秋夜講

解》：「惠唱擒泉湧，妙演發金相。」⑦又有「金相」、「玉

質」連用，王逸《離騷序》：「所謂金相玉質，百世無匹，名

垂罔極，永不刊滅者矣。」⑧劉峻《辨命論》：「玉質金相，

英髦秀達。」⑨從修辭的角度去分析，「金相玉質」、「玉質

金相」皆為互文見義，此亦為「相」作「質」解之佐證。

【註釋】

① 《十三經注疏》，上冊，頁514下。

② 同上。

③ 《高本漢詩經注釋》，下冊，頁780。

④ 《皇清經解續編》，冊12，頁9291上。

⑤ 《說文詁林》，冊5，頁1437b下。

⑥ 同上，頁1438a上。

⑦ 《謝宣城集校注》，頁296。

⑧　《楚辭注八種》，頁29。

⑨　《六臣注文選》，下冊，頁1005下。

《大雅・思齊》——肆成人有德，小子有造

《毛傳》曰：「造，爲也。」①《鄭箋》曰：

「成人，謂大夫、士也；小子，其弟子也。文王在於宗廟德如此，故大夫、士皆德，子弟皆有所造成。」②

《孔疏》曰：

「以此聖德，教化下民，故今周國之成人者，皆有成德；其小子未成人者，皆有所造為。言長者道德已成，幼者有業學習也。此成人、小子所以得然者，以古昔之聖人、有德之君王，皆無猒於有名譽髦俊之此士。今文王性與古合，亦好之無猒，故成人、小子皆學為髦俊也。」③

《鄭箋》與《孔疏》皆指此二句下接「古之人無斁，譽髦斯士」，寫文王教人無厭。然對「成人」、「小子」的理解，《箋》、《疏》實有不同。《箋》以「成人」即大夫、士，「小子」乃其弟子；《疏》擴而充之，以「成人」即一般成年

人,「小子」乃年幼者。觀本《詩》內容,乃廟堂頌聖之作,
應以鄭說為長,正如姜昆武《詩書成詞考釋》曰:

> 「小子一詞,亦有大臣用為相對於先祖之謙稱
> 者。《江漢》『無曰予小子,昭公是似』,此天子
> 戒召虎無自以為召公之子孫而用驕。又如大雅·思
> 齊:肆成人有德,小子有造。……其在《尚書》凡
> 十六見,其用皆同,凡稱小子,皆有子孫之義,而
> 多為天子、諸侯於誥命或誓誥中相對先祖以自謙稱
> 者。……此詞或起於商,而最多見於周書,為周人
> 所習用,《商書》之中,諸公大臣如周、召、封皆
> 多自謙稱小子。金文銘器,蓋統治階級告祭上天先
> 祖或祈福述祖功之用也,所見小子亦不乏其
> 例。……」④

高氏提出很不同的意見,他說:

> 「這裏也不是說人民受王的影響如何;而是和
> 通篇各句一樣,說王一個人的美德:做一個成人,
> 他有德行;做一個小孩子,他有深造。這就和下文
> 『古之人無斁』自然相接,說他從小到老都不斷的
> 努力而止於至善。『造』字有這種意思(《鄭箋》

說為『造成』），可以證之於《禮記・王制篇》關

於教育貴族子弟的記載：『樂正崇四術，立四教，

順先王詩書禮樂以造士……王大子，王子，群后之

大子，卿大夫元士之適子，國之俊選者皆造焉。』

《鄭注》也是訓『造』為『成』。『造』本來指

『造作』，『造士』就是使一個貴族子弟精通政治

技術。」⑤

高氏的講法有可商之處。高氏以為這兩句和通篇一樣，是說王
一個人的美德，這是可以相信的，如《詩序》曰：「思齊，文
王所以聖也。」⑥但我們並不能因此而認為這兩句是說文王
「從小到老都不斷的努力而止於至善」。事實上，本《詩》各
章各有重點，並不是正面地述說文王的美德。《正義》曰：

「二章以下，言文王德當神明，施化家國下

民，變惡為善，小大皆有所成，是其聖之事也。」

⑦

朱熹《詩集傳》曰：

「承上章言文王之德見於事者如此。故一時人

材，皆得其所成就。蓋由其德純而不已，故令此士

皆有譽於天下，而成其俊义之美也。」⑧

吳闓生《詩義會通》曰：

> 「後二章專明文王之德，而尤以作人為主，與
> 《棫樸》、《旱麓》兩言作人意同。文王之德之盛
> 尤在乎此也。故曰『古之人無斁，譽髦斯士』，言
> 其樂育不倦也。」⑨

今人楊合鳴、李中華《詩經主題辨析》分析各章的重點說：

> 「首章言文王美德之由成，二章言文王美德之
> 流播，三章言文王美德之化人。」⑩

從以上諸家的講法，可知《思齊》是從不同的角度來歌頌文王美德。高氏沒有細心地從整首《詩》的結構來作分析，其說實不可信。

【註釋】

① 《十三經注疏》，上冊，頁517中。

② 同上。

③ 同上，頁517中－下。

④ 《詩書成詞考釋》，頁320－322。

⑤ 《高本漢詩經注釋》，下冊，頁789。

⑥ 《十三經注疏》，上冊，頁516中。

⑦ 同上。

⑧ 《詩集傳》，頁183。

⑨ 《詩義會通》，頁206

⑩ 《詩經主題辨析》，下冊，頁302。

《大雅・皇矣》——是類是禡

高氏說：

「……各家的注中都忽略了另一點，那就是「『是』字。他們似乎都把它當作這一句的主詞：他祭。詩裏同樣的句法『是……是……』還有十五個例（見於《周南・葛覃篇》，《小雅・常棣篇》，《小雅・信南山篇》，本篇，《生民篇》，《桑柔篇》，《魯頌・閟宮篇》，《商頌・殷武篇》），所有的『是』都是指示代詞，直接受格（如英文的 him，them 等），作受詞用，置於動詞之前，如《葛覃篇》：『是刈是濩』；《信南山篇》：『是剝是菹；』《生民篇》：『是任是負』；……特別要緊的是本篇同一章下文不遠也有這種句子：『是伐是肆，是絕是忽。』所以現在已經十分清楚了，本句的是受詞，等於英文的 them，指上文『執訊連連，攸馘安安』的俘虜和所得的首級等：他獻祭他們給上帝，他在營地獻祭他們。」

①

　　高氏對「是」的訓釋，有可商榷之處。首先他以爲注家都把「是」看作主詞，這並非事實。《傳》、《疏》於本句並沒有講「是」字，但《孔疏》於《周南・葛覃》「是刈是濩」句後曰：「於是刈取之，於是濩煮之。」②又於《魯頌・閟宮》「是斲是度，是尋是尺」句後曰：

　　　　「於是斬斷之，於是度量之。其度之也，於是

　　　　用十寸之尺，於是用八尺之尋。」③

足見注家訓「是」爲「於是」，而非看作主詞。

　　其次，高氏訓「是」爲俘虜和所得的首級，也很值得懷疑。高氏指出「是」是指示代詞，置於動詞之前，倒是一個可以接受的講法，因爲《詩》中把賓語前置的例子甚多，楊合鳴《詩經句法研究》指出這一類的句法共有十式，④而「賓（是）・述・賓（是）・述式」就是其中一種。這種句式主語潛藏，楊氏稱之爲「潛主」。他說：

　　　　「這種句式在其他文獻中亦偶爾使用。如

　　　　《書・牧誓》『是崇是長，是信是使』，《左傳・

　　　　昭公二十六年》『是攝是贊』等即是。《詩經》中

　　　　主語未潛者僅《小雅・鹿鳴》『君子是效』一例。

　　　　很顯然，此句析爲『君子是則』與『君子是效』兩

句。《鹿鳴》是頌美天子宴請嘉賓之詩。『是』指代『嘉賓』，意謂君子學習嘉賓，效法嘉賓。有的學者訓作『效法君子』，可謂失之千里。《詩經》中這種句式的用例凡13見……『是類是禡』（《大雅・皇矣》）《鄭箋》：『類、禡皆師祭。』馬瑞辰《通釋》：『祭天曰類。』高亨《詩經今注》：『禡，祭馬神。』『是』分別指代『天神』與『馬神』。潛主為『文王』。文王祭天神祭馬神。」⑤

如此看來，這一類句式皆主語隱藏，賓語置於述語之前。就本句來說，「是」是「類」和「禡」的受詞。「類」、「禡」同訓祭祀，則「是」宜訓受祭者，故高說不足取信。⑥

【註釋】

① 《高本漢詩經注釋》，下冊，頁815。

② 《十三經注疏》，上冊，頁276下。

③ 同上，頁618。

④ 參《詩經句法研究》，頁69－85。

⑤ 同上，頁72－73。

⑥ 高氏訓下句「是致是附」為「他使他們來，他把他們附（於別的祭品。）」，也不可信。楊合鳴取馬瑞辰的意見，並補充其說，楊氏曰：「馬瑞辰《通釋》：『竊謂致者，致其人民土地。附讀如拊循之拊，亦通作撫。《左傳・隱公十一年傳》曰：「吾子其奉許叔以撫柔此民也」，即《詩》之「是附」也。』『是』分別指代崇國的土地與人民。潛主為『文王』。文王歸崇國之土地，安撫崇國之人民。」（見楊書頁73）楊說通達可從。

《大雅・靈臺》──於論鼓鐘

高氏說：

> 「《鄭箋》音『論』為*li̯wən，以為就是
> 『倫』字；所以：啊，各種的鼓和鐘。『論』用作
> 『倫』，參看《禮記・王制篇》：『必即天論』，
> 《呂氏春秋・行論篇》：『以堯為失論。』」①

高氏把這句譯為 " Oh ，（classified＝）assorted are the   drums
and and bells"。②然而，這並非《鄭箋》的原意，《鄭箋》原
文如下：

> 「論之言倫也……為音聲之道與政通，故合樂
> 以詳之，於得其倫理乎。」③

《鄭箋》不訓「倫」為「各種」，而指「有條理」，其意謂鼓
鐘之聲有倫序，比喻政治之通和。正如朱熹《詩集傳》：
「論，倫也，言得其倫理也。」④故譯者說：

> 「《鄭箋》訓『論』為『倫』，下文還有解說
> 『於得其倫理乎』。高氏這麼講可以說是斷章取
> 義。」⑤

此處高氏誤解《鄭箋》，是很大的疏忽。

【註釋】

① 《高本漢詩經注釋》，下冊，頁822。

② "Glosses on the Taya and Sung odes"，載 *Bulletin of the Museum of Far Eastern Antiquities* Vol. 18 （1946）p.54

③ 《十三經注疏》，上冊，頁525上。

④ 《詩集傳》，頁187。

⑤ 同①。

《大雅・下武》——昭茲來許

高氏說：

「『許』照平常講作『許可』（常見）；本句

和下一句『繩其祖武』相連：他光明的來並且得到

許可（有特權），繼續他祖先的腳步。這樣就和上

一句『昭哉嗣服』是一氣的。」①

除本《詩》外，《詩經》中「許」或作國名，如《鄘風・

載馳》：「許人尤之，眾稚且狂」，或作地名，如《魯頌・閟

宮》：「居常與許，魯南鄙西鄙」，並無解作「許可」，高氏

說『許常』講作「許可」，不符事實。

高氏對「許」的訓釋，是根據本《詩》的上下文推測而來

的。然而，《三家詩》「許」作「御」，王先謙就此提出意

見，王氏說：

「馬瑞辰云：『許、御聲義同，故通用，猶

《公羊・文九年・傳》「許夷狄，不一而足」，

《左・隱二年・注》引，「許」作「禦」也。《廣

雅》許、御並訓進。又曰：「服、進，行也。」

「來許」，猶云「後進」。「昭哉來許」，猶上章

「昭哉嗣服」也。』愚案：下章『不遏有佐』，韓釋《詩》與毛同。陳奐云：『韓以為成王，則上文云「昭哉嗣服」、「昭茲來許」，亦必指成王之世。蓋《詩》自作於周公，故三家釋《詩》每及成王也。』據此，則『來許』、『繩祖』指成王無疑。」②

訓「來許」爲「後進」，既有《三家詩》爲證，又符合上下文理，顯然較高訓爲長。

【註釋】

① 《高本漢詩經注釋》，下冊，頁829。

② 《詩三家義集疏》，下冊，頁868。

《大雅・行葦》——敦弓既句

高氏解釋這句，引了以下幾種講法：

「A《毛傳》引《周禮・司弓氏》和《弓
人》：『天子之弓，合九而成規。』所以這句詩
是：雕刻的弓彎曲。『句』*ku/kẹu/kou 的本義是
『鉤子』，這裏用『彎曲』的意思；在本章和
『鍭』*g'u，『樹』*d'iu，『侮』*mįu 押韻。B
《魯詩》（張衡《東京賦》引）作『雕弓既彀』。
朱熹以為《毛詩》的『句』是這個『彀』的假借
字，用『彀』的普通意義『引滿』。所以：雕刻的
弓拉滿了。C邵晉涵（《爾雅正義》）也以為《毛
詩》的『句』是『彀』的假借字，不過用另外一個
講法：《爾雅》訓『彀』為『善』。『敦弓既句』
講作『雕刻的弓很好』，正和上文『敦弓既堅』是
『雕刻的弓很強』相應。不過『彀』訓『善』沒有
文籍上的佐證。（《爾雅》這條訓釋或者是根據某
種古書，『彀』kŭg 用作『穀』kuk 的假借字，不過

現時不可考了。『觳』音*kug/kǝu/kou，和『鍭，
樹，侮』等（見上文）不叶韻。早期魯派某些說
《詩》的人，大概以為『句』是指弓拉滿時的彎曲
而不是指它本身的彎曲，因此改成普通的『觳』
字，沒有想到破壞了用韻。如此說來，B和C都不
能用。」①

高氏反對B、C二說，原因是「觳」字於本章不能用作韻腳。然
而，從古音方面去考核，「觳」字見紐屋部，「鍭」字匣紐侯
部，「樹」字禪紐侯部，「侮」明紐侯部。侯、屋二部陰入對
轉，故「觳」可與「鍭」、「樹」、「侮」諸字相押。用譯者
董氏的講法，「這是高氏上了他自己的古音學的當了。」②

從詩意方面去看，本章寫箭手比射的情況，「敦弓既句，
既挾四鍭，四鍭如樹」幾句，描寫得具體細緻。《孔疏》曰：

「挾謂手挾之。射用四矢，故插三於帶間，挾
一以扣弦而射也。射禮每挾一個，今言挾四鍭，故
知巳徧釋之也。」③

「既挾四鍭」指挾持弦矢，則「敦弓既句」順理成章指拉弓引
滿。於是這幾句便把張弓、搭弦、中的的過程生動地顯現於讀

者眼前。若依高訓，「敦弓既句」不過是客觀的狀物，《詩》
意頓然平淡乏味。

【註釋】

① 《高本漢詩經注釋》，下冊，頁852－853。

② 同上，頁853。

③ 《十三經注疏》，上冊，頁535中。

《大雅·既醉》——朋友攸攝

高氏說：

> 「Ａ照《鄭箋》的解說，這句詩連文下『攝以
> 威儀』是：我們被朋友協助，他們以威儀相助。Ｂ
> 本篇讚揚祭典宴會的主人而不是讚揚客人；是客人
> 們為主人唱詩。所以『威儀』是說主人沒有舛誤的
> 行了禮節。如此，這兩詩是：客人們被協助，他們
> 被用威儀協助。『協助』是『勸吃東西和飲酒』的
> 意思，和《楚茨篇》『以妥以侑』的『侑』一
> 樣。」①

首先，高氏誤解《鄭箋》的講法。正如譯者指出：

> 「《鄭箋》：『朋友：其所以相攝，威儀之
> 事。』譯者看不出有被動的意思。」②

其次，此處《詩經》的原文其實十分明白易懂，高氏以為
本《詩》乃客人為主人而唱，並作了很多不必要的想像。觀本
《詩》內容，應如林義光《詩經通解》所說，「為工祝奉尸命
以致嘏於主人之辭」③，即祭祀時，假借主祭者之口，鋪述上
天對主人的祝福，「其告維何」句以下，皆為嘏辭。是「籩豆

靜嘉」，寫祭品豐盛；「朋友攸攝，攝以威儀」，寫助祭者之
儀度；以下寫主人之德，致福之辭。本篇與《楚茨》雖並爲祭
祀之詩，但彼此重點不同，高氏引《楚茨》「以妥以侑」句，
難以作爲支持其說之證據。

　　歷來學者訓釋此句，基本上沒有歧見，如《孔疏》曰：

> 「言朋友則非一人，論祭事而言攸攝，則是群
> 臣相攝以助之。友者，同志之名，故云朋友，謂群
> 臣同志好者。攝者，收斂之言，各自收斂，以相助
> 佐爲威儀之事。」④

朱熹《詩集傳》曰：

> 「朋友，指賓客助祭者……而朋友相攝佐者，
> 又皆有威儀。」⑤

《毛詩傳箋通釋》釋本《詩》「威儀孔時」句，曰：

> 「上章『攝以威儀』，謂群臣；此章『威儀孔
> 時』，宜謂成王。蓋臣下既佐以威儀，則上之威
> 儀，得群臣之佐，亦甚善也。」⑥

此句指群臣佐祭，且具莊嚴合度的儀容舉止。高氏用被動的講
法，疑受西方文法的影響，令《詩》意迂曲，其理難通。

【註釋】

① 《高本漢詩經注釋》，下冊，頁857。

② 同上。

③ 《詩經通解》，頁26b。

④ 《十三經注疏》，上冊，頁536。

⑤ 《詩集傳》，頁194。

⑥ 《毛詩傳箋通釋》，頁277。

《大雅・鳧鷖》——公尸來止熏熏

高氏說：

> 「A《毛傳》訓『熏熏』為『和說』；所以：
> 公尸來停留而且高興了。沒有佐證。B另一家
> （《說文》引）作『公尸來燕醺醺』，訓『醺』為
> 『醉』；所以：公尸來飲宴而且醉了。『醺』實際
> 上就是由『熏』繁衍出來的字，兩個字都音*xi̯wən
> （平聲）。『熏』的本義是『氣』（常見），在這
> 裏指『薰上而氣味』，『醉了』。(參看Shake-
> speare: keep his brain funning)《說文》的『燕』字比
> 《毛詩》的『止』字更能合乎上一章的意思。」①

本《詩》第一章：「公尸來燕來寧」；第二章：「公尸來燕來
宜」第三章：「公尸來燕來處」；第四章：「公尸來燕來
宗」，句式十分整齊一致，所以第五章應作「公尸來燕熏
熏」。高氏從許君說，不誤。然高氏把這句理解作「公尸來飲
宴而且醉了」，似未允當。首先，上幾章的「來寧」、「來
宜」、「來處」、「來宗」皆寫公尸赴宴會的原因和心情。從
邏輯上看，如把「熏」訓作「醉了」，則指酒後的情況，這樣

就與以上幾章內容不相吻合。其次，我們可參考俞樾《群經平議》的講法：

> 「竊疑《經》文『熏熏』、『欣欣』字當互易。『公尸來止欣欣』，言公尸之悅也。『旨酒熏熏』，此熏字乃薰字之假借。《爾雅・釋訓》：『炎炎，熏也。』《釋文》曰：『本或作薰。』是熏、薰古通用。《說文》艸部：『薰，香草也。』蓋因艸之香而引申之，則凡香者，皆言得薰，猶芬之本義。《說文》云：『艸初生，其香分布。』是亦因艸之香而引申之，則凡香者，皆得言芬也。是故旨酒薰薰，言酒香也，燔炙芬芬，言香也。欣欣、薰薰字音相同，古書多口授，誤到其文耳。」②

「旨酒欣欣」一句不好解，俞氏改原文以釋《詩》，言之有理。

【註釋】

① 《高本漢詩經注釋》，下冊，頁863。

② 《皇清經解續編》，冊20，頁15600上。

《大雅·假樂》——威儀抑抑

高氏說：

「A《賓之初筵篇》《毛傳》：『抑抑，慎密也』；《抑篇》《毛傳》（據《爾雅》）：『抑抑，密也（只用一個字，意義是一樣的）。』『抑』的本義是『壓抑，抑制』，所以『威儀抑抑』或『抑抑威儀』是：威儀（壓抑，抑制）＝高貴。參看《孟子·滕文公篇下》：『禹抑洪水』；《國語·晉語》：『叔魚抑邢侯。』B本篇《毛傳》：『抑，美也』；所以：威儀美好。《齊風·猗嗟篇》：『抑若揚兮』，《毛傳》云：『抑，美色也。』清代的學者以為『抑『（ *·iək又可能是 *·iĕt）指『美』時（如《猗嗟篇》的『抑』寫前額，無疑的是『美』），是『懿』*·iĕd/·i/yi的假借字。不過在音韻上那是完全講不通的。『抑』訓『美』大概是引伸義：壓抑——壓平——平（不

皺）。《猗嗟篇》的講法在本篇還不能用。本篇
『威儀抑抑』只能用A說。」①

　　高氏以爲「抑」訓「美」，乃引申義，其說甚迂曲，不可
從。《說文》卷十下壹部曰：「懿，專久而美也。」②《段
注》曰：「古懿、抑同用，懿、抑、壹三字同音可證。」③
《段借義證》曰：

　　　　「《楚語》衛武公『作《懿》戒以自警』，即

　　　　今之《抑篇》也。『抑抑威儀』正美意，是懿爲抑

　　　　之通借。」④

由是可知，抑、懿音同可通⑤，則「抑」訓「美」，實爲
「懿」之假借，非引申義也。

　　此外，高氏認爲本篇的「抑抑」只能訓「慎密」，似嫌過
於拘泥。查《傳》、《箋》訓本句也不一致。《毛傳》曰：
「抑抑，美也。」⑥《鄭箋》曰：「抑抑，密也。」⑦然黃焯
《詩疏平議》綜毛、鄭二說，曰：

　　　　「《箋》用《釋訓》文，《抑篇》《傳》亦以

　　　　『抑抑』爲『密』，《正義》以爲『密審』。於此

　　　　《箋》則申爲『密緻』。蓋『密緻』亦即『密審』

　　　　之謂，由『密審』而『密緻』，一言其功，一言其

效，要之皆為美，故此《傳》以『抑抑』為『美』

也……《詩》中毛、鄭往往各持一義，實則互相申

足，《正義》輒以為異，非也。」⑧

黃訓通達，可補高說之不足。

【註釋】

① 《高本漢詩經注釋》，下冊，頁864－865　。

② 《說文詁林》，冊10，頁4591b下。

③ 同上。

④ 同上。

⑤ 「抑」與「懿」古音同屬影母質部，為同音字。又譯者董同

　　龢說：「高氏既承認『抑』或者有*ĭĕt一音，譯者就看不出

　　它假借為『懿』＊·ĭəd何以在音上說不通。再不然，也可以應

　　用高氏自己的『語源上有關係』cognate的說法。」（見《高

　　本漢詩經注釋》，下冊，頁865）

⑥ 《十三經注疏》，上冊，頁541上。

⑦ 同上。

⑧ 　《詩疏平議》，頁508。

《大雅‧卷阿》──顒顒卬卬

高氏說：

> 「朱熹：『顒顒卬卬，尊嚴也。』『顒』字見
> 於《小雅‧六月篇》，意義無疑的是大。『卬』的
> 意義是高，如《荀子賦篇》：『卬卬兮』，楊倞訓
> 『高貌』；……。所以這句詩是：大而高。《魯
> 詩》（蔡邕文引）作『禺禺昂昂』。『禺』只是個
> 省體。『昂』和『卬』同音，也指高，如《楚辭》
> 《遠游》和《卜居》。朱氏的解說是把大和高的意
> 思說得活動一些而已。」①

朱熹《詩集傳》原文如下：

> 「賦也。顒顒卬卬，尊敬也。如圭如璋，純潔
> 也。令聞，善譽也。令望，威儀可望法也。」②

朱氏的解說十分清楚。他並沒有把「顒顒卬卬」訓作「大而
高」，高氏的講法似一廂情願而已。朱氏認為這一章是寫君王
之德，正如黃焯《詩疏平議》曰：

> 「《卷阿》詩十章，凡十言君子，而其六則言
> 豈弟，《箋》、《疏》皆目賢人，《傳》意未必同

之也。朱子獨以君子為指王。《詩序辨說》謂『同一豈弟君子，《泂酌》目成王，不應此篇遽為賢人』，允矣。今玩全篇之義，以君子為指王，於五、六章尤足見之。五章言『豈弟君子，四方為則』，六章言『四方為綱』，此語豈臣下所克當哉？況六章五句，語意一貫，其言『顒顒卬卬』，《釋訓》明云君德。合下文『如圭如璋』二句，與《假樂》所云『穆穆皇皇，威儀抑抑』等句無異。」③

所以「顒顒卬卬」與同章的「如圭如璋」，「令聞令望」皆言君王之德，都不單單是外表的描寫。

《說文》卷九上頁部曰：

「顒，大頭也。从頁禺聲。《詩》曰：『其大有顒。』」④

《說文》卷八上匕部曰：

「卬，望欲有所庶及也。《詩》曰：『高山卬止。』」⑤

高氏企圖以本義來析《詩》，故把「顒顒卬卬」解作「大而高」，然而這與本章內容不相吻合。《毛傳》用「顒」和

「印」的引申義來釋《詩》⑥，《詩》意暢達，是十分可信的
講法。

【註釋】

① 《高本漢詩經注釋》，下冊，頁883。

② 《詩集傳》，頁199。

③ 《詩疏平議》，頁519。

④ 《說文詁林》，冊9，頁3925a上。

⑤ 同上，頁3644b上。

⑥ 《段注》於「顒」字下曰：「引伸之凡大皆有是偁。《小
　雅・六月》：「其大有顒。」《傳》曰：「顒，大皃。」
　《大雅・卷阿・傳》曰：『顒顒，溫皃，卬卬，盛皃。』
　《釋訓》曰：『顒顒卬卬，君之德也。』又其引伸之義
　也。」見《說文詁林》，冊9，頁3925a下；又在「卬」字下
　曰：「《大雅・傳》曰：『顒顒卬卬，盛皃。』引伸之義
　也。」見《說文詁林》，冊9，頁3644b上。

《大雅‧民勞》——王欲玉女

高氏說：

「A《鄭箋》：『王乎，吾欲令女如玉。』B
朱熹：『王欲以女為玉而寶愛之。』阮元（陳奐和
馬瑞辰同）以為『玉』*ngi̯uk/ngi̯wok/yü是『畜』
*xi̯ôk/xi̯uk/hü的假借字；所以這句詩是：王啊，我
要撫養你。這是個大膽的揣測。A和B以為王是稱
呼之詞是不能用的，因為通篇都是勸說之詞，對一
般官吏而言，不是對王而言。這可以很清楚的由
『以定我王』（一章）等句看出。如果說那些話都
是對王說的，那就完全沒有法子講了。《鄭箋》把
全句分作『王』和『欲玉女』，也和《詩經》的節
律不合，《詩經》中沒有任何這樣的例。用『玉』
比擬完美無瑕是《詩經》中常見的，如《召南‧野
有死　篇》：『有女如玉』；《魏風‧汾沮洳
篇》：『美如玉』；《小雅‧白駒篇》：『其人如

玉』；《大雅・棫樸篇》：『金玉其相。』本篇也
是用同樣的比喻：王要把你看成玉。」①

　　對於高氏的看法，有二點值得商榷。第一，高氏以為本
《詩》是勸說一般官吏，這種看法十分可疑。歷來說《詩》者
對本《詩》詩旨，主要有二種不同的見解。一說以此《詩》為
刺厲王之作。如《詩序》曰：「《民勞》，召穆公刺厲王
也。」②又《鄭箋》曰：

　　　　「厲王，成王七世孫也。時賦斂重數，繇役繁
　　　　多。人民勞苦，輕為奸宄。強陵弱，眾暴寡，作寇
　　　　害。故穆公以刺之。」③

另一說以此《詩》為同列相戒之辭。如《詩集傳》曰：

　　　　「以今考之，乃同列相戒之辭耳。未必專為刺
　　　　王而發。」④

平情而論，《詩序》的講法似較合理，原因有二：第一，全
《詩》用諄諄勸戒的口吻，不見嚴厲的諷刺和批評，而且詩歌
重章疊唱，顯出詩人反覆叮嚀，足見諫王之說近是；第二，全
篇共五章，每章十句，不但形式十分整齊，各章內容也相對
應。每章首四句勸王安民，次四句諫王防奸，最後二句戒王修
德。每章重點在末二句，意思十分清楚明確，以戒王為主，不

似勸說同列之作。高氏謂「以定我王」一章等句看出，本
《詩》是對一般官吏言，這是牽強的講法。事實上，《詩》中
的「王」、「戎」、「女」、「小子」，皆爲直接對屬王的稱
呼。⑤故高氏的講法有欠允當。

　　第二，高氏指出阮元的講法是大膽的揣測，卻沒有舉出理
由。高氏似沒有細心考核過阮氏的意見。阮元《揅經室集》之
原文如下：

　　「《說文》金玉之玉無一點，其加一點者，解
　　云：『朽玉也。從王有點。讀若畜牧之畜。』是王
　　與玉音義迥別矣。《毛詩》玉字皆金王之王，惟
　　《民勞篇》『王欲玉女』，『玉』字專是加點之
　　玉，後人隸字混淆，始無別矣。《詩》言玉女者，
　　畜女也；畜女者，好女也；好女者，臣說君也。召
　　穆公言王乎，我正惟欲好女畜女，不得不用大諫
　　也。《孟子》曰：『為我作君臣相說之樂。其
　　《詩》曰：畜君何尤。』畜君者，好君也。《孟
　　子》之畜君，與《毛詩》召穆公之玉女，無異也。
　　後人不知玉為假借字，是以鄭誤解為金王之王矣。
　　蓋玉、畜、好、丂、九、古音皆同部相假借。《淮

南・說林篇》曰：『白璧有考。』《氾論》曰：
『夏后氏之璜，不能無考。』考即朽，朽即玉。謂
玉之礜也。玉有礜，即是有孔。故《考工記》、
《爾雅》皆以璧之孔為好。好，即玉也。《呂覽・
適成篇》：『民善之，則畜也。』《注》：『畜，
好也。』《說苑》：『尹逸對成王曰：「民善之，
則畜也。」』此畜字，即玉女玉字也。《說文》：
『嬌，媚也。』孟康注《漢書・張敞傳》云：『北
方人謂媚好為詡畜，畜與嬌通也。』《禮記・祭
統》云：『孝者，畜也。』《釋名》云：『孝，好
也。』愛好父母，如所說好也。是愛於君親者，皆
可云畜也。畜即好也，好即玉也。畜與旭同音，故
《詩》『驕人好好』，《爾雅》作『旭旭』。郭璞
讀『旭旭』為『好好』，凡此皆王字加點之玉字，
與畜、好相通相同之證也。」⑥

阮元從字形，字音方面進行了詳盡的討論，又引《孟子》、
《淮南子》、《呂氏春秋》、《說苑》、《禮記》、《釋
名》、《爾雅》諸書為例，證玉與畜、好相通，理據充分。高

氏僅說這是大膽的揣測，是主觀的批評，難以令人信服。再
者，《說文》卷一上玉部曰：

　　　「瑂，朽玉也。从玉有聲。讀若畜牧之畜。」⑦

《段注》將之改易如下：

　　　「玉，朽玉也。从王有點，讀若畜牧之畜。」⑧

對於段氏的更易，是否可從，意見並不統一⑨，但最重要的還
是，阮元所言的之『玉』，乃「讀若畜牧之畜」之「玉」，並
非金玉之「玉」，也不是高氏所謂音 *ngi̯uk/ngi̯wok/yü 的
「玉」。高氏誤解阮文，他對阮氏的批評自然落空。

【註釋】

① 《高本漢詩經注釋》，下冊，頁891。

② 《十三經注疏》，上冊，頁547下。

③ 同上。

④ 《詩集傳》，頁199。

⑤ 胡承珙《毛詩後箋》對此所論甚詳，胡氏說：「《嚴緝》
　　云：『舊說以此《詩》「戎雖小子」，及《板詩》「小子」
　　皆指王。小子非君臣之辭，今不從。二《詩》皆戒責同伙
　　僚，故稱小子耳。』范氏《補傳》曰：『說者謂戒之與女，

詩人通訓。古者君臣相爾女，本示親愛。小子則年少之通稱，故周之《頌詩》、《誥命》皆屢稱小子，不以爲嫌。是《詩》及《板》、《抑》以厲王爲小子，意其即位未久，年尚少，已昏亂如此，故《抑》又謂「未知臧否」，則年少可知矣。穆公謂王雖小子，而用事甚廣大，不可忽也。」承琪案：古人訓詁必有所本。毛公時，戎字必無女訓，故於《詩》中戎字但據《爾雅》訓大，訓相，無訓女者。鄭謂『戎猶女者』，亦必有所出。考《常棣》以戎韻侮，《常武》以戎韻父，當時戎必有女音，因即以戎代女，故《箋》每云戎猶女也。王肅述毛云：『在王者之大位，雖小子，其用事甚大』，自不如《箋》謂女王雖小子，語意直截耳。」參《皇清經解續編》，冊8，頁5643下。

⑥《皇清經解》，冊15，頁11363上。

⑦《說文詁林》，冊2，頁129a下。

⑧ 同上，頁129b上。

⑨ 參劉玉國《〈毛詩〉「王欲玉女」解析論》。見劉著香港大學博士論文未定稿。

《大雅・板》──及爾出王，……及爾游衍

高氏說：

「A《鄭箋》：『及，與也；（昊天……謂之
明），常與女出入往來，游溢相從。』換言之，昊
天在你出去的時候都和你在一處，你游樂的時候也
和你在一處。很牽強。B另一說───『及』就是普
通的及物動詞，指『到達，伸展到』；『爾』是
『你的』，以後面的字做名詞：它（伸展到＝）觀
察你的出行……它（伸展到＝）觀察你的遊樂。
『衍』，《釋文》或作『羨』。」①

《說文》卷三下又部：「及，逮也。」②本義是「趕上」。高
氏所列的A說和B說俱爲引申義。《孔疏》申《箋》說，曰：

「天之變怒，所以須敬者，以此昊天在上，人
仰之皆謂明，常與汝出入往來，游溢相從，終常相
隨，見人善惡，既曰若此，不可不敬慎也。」③

鄭訓通達，高氏謂其說牽強，理據不足。本《詩》三章有「及
爾同僚」句，「及」作「與」解，此處「及」不能有其他解

釋，故八章「及爾出王」、「及爾游衍」之「及」字，亦不宜用他訓，再看《邶風・谷風》「及爾同死」、「及爾顛覆」，《衛風・氓》「及爾偕老」，《小雅・何人斯》「及爾如貫」等句，「及」並訓「與」，且句式與本《詩》相近，可證鄭說。高說不足信從。

【註釋】

① 《高本漢詩經注釋》，下冊，頁902。

② 《說文詁林》，冊4，頁1245b上。

③ 《十三經注疏》，上冊，頁550中。

《大雅・蕩》──侯作侯祝

高氏說：

「A《毛傳》：『作祝詛也。』各家有不同的
解說。(a)《孔疏》的斷句：『作，祝詛也』──
『作』是『詛呪』的意思。陳奐斷句：『作祝，詛
也』──『作』和『祝』的意義是『詛呪』。兩
者有一點相同的，就是『作』有『詛呪』的意思。
因為『作』從來不這麼講，一向就以為『作』用作
『詛』。孔穎達說『作』是『詛』的古字。《釋
文》更大膽的說：『「作」……本或作「詛」。』
馬瑞辰又說『作』和『詛』古音同。真是錯誤到極
點。『作』音 *tsâk/tsâk/tso，『詛』音 *tsi̯o/
tsi̯wo/tsu，『作』絕對不能當『詛』用。(b)段玉裁
以為《毛傳》的文字不能讀斷，那是整個的解說
『侯作侯祝』一句的，以為那一句的意思『作祝詛
也』──『他們詛呪』。如段氏所說，第二個
『侯』字就是個多餘的語助詞，全句和『侯作祝』

是一樣的。B孔穎達和陳奐等以為『作』是『詛
呪』既不可能，段玉裁把第二個『侯』字丟掉也不
好；我們倒不如用『作』的普通意義『起來，起
始』：所以；他們起來詛呪。」①

對於高氏的講法，譯者作了詳細的批評，董氏說：

「高氏一向注重釋文的音；在這裏，他卻忽略
了《釋文》音『作』為『側慮反』，並云『注
同』。『側慮反』翻成高氏的音注是
*tsi̯o/tsi̯wo/tsu，和『詛』的音一樣。其實依譯者，
『詛』的上古音是tsag……『作』*tsâk是可以做
『詛』*tsag的假借字的。『侯作侯祝』和下句『靡
屆靡究』相對成文，『屆』和『究』意義也相
類。」②

案：董氏所言甚是。從音理看，「作」字古音精紐鐸部，
「詛」字莊紐魚部，精、莊二紐同屬齒音，鐸、魚二部入陰對
轉，故二字有通假的條件。高氏謂「作」絕對不能當「詛」
用，顯然並非事實。另外，「侯作侯祝」、「靡屆靡究」二句
句式相同。楊合鳴在《詩經句法研究》一書中稱之為重疊式的
句子，「作用主要是為了湊足音節，構成整飭的四字句；有時

則是爲了加強語氣，抒發強烈的思想感情。」③「侯作侯祝」、「靡屆靡究」二句當屬前者。《毛傳》曰：「屆，極。究，窮也。」④可見「屆」與「究」意思相近，是「作」與「祝」亦當互訓。高氏既認爲「祝」解作「詛」，而訓「作」爲「起來」，便與下句句式不相配合。

【註釋】

① 《高本漢詩經注釋》，下冊，頁907。

② 同上。

③ 《詩經句法研究》，頁188。

④ 《十三經注疏》，上冊，頁553中。

《大雅·抑》——哲人之愚，亦維斯戾

高氏同意朱熹對這兩句的訓釋，高氏說：

> 「朱熹把『戾』講作『反』，又解說為『反戾其常』。如此，這兩句詩是：哲人的愚是（故意的）反常。」①

朱熹《詩集傳》於「庶人之愚，亦職維矣。哲人之愚，亦維斯戾」四句之下說：

> 「夫眾人之愚，蓋有稟賦之偏，宜有是疾，不足為怪。哲人而愚，則反戾其常矣。」②

朱氏的意思是庶人有愚昧之處，是由於天賦不高，是故有這樣的缺點，沒有甚麼值得奇怪。哲人有愚昧之處，就違反常道了。由此看來，高氏誤解朱氏的講法，所以譯者董氏也批評高氏說：

> 「高氏原文：The folly of the wise men is a（deliberate）offence用括弧加deliberate非但全非朱氏之意，也和高氏自己在上文極力反對舊有的裝傻

說完全相反。③譯者不能明，只有照譯為『故意

的』。」④

【註釋】

① 《高本漢詩經注釋》，下冊，頁918。

② 《詩集傳》，頁205。

③ 高氏說：「《毛傳》以為所謂哲人的『愚』是假裝的，為的

是在時機不好的時候可以避禍。毛氏又訓『戾』為『罪』。

所以這句詩是：哲人的愚是因為那個罪罰（危險）－－他們

怕被加罪。《魯詩》（《淮南子・人間篇》引）和《韓詩》

（《韓詩外傳》引）的意思也如此。他們似乎都是根據《論

語・公冶長篇》：『寧武子國有道則知，國無道則愚』；又

《左傳・文公四年》：『寧武子曰：……其敢干大禮以自取

戾。』《左傳》的『戾』正是各家的意思。然而這個解釋不

能和上文『庶人之愚，亦職維疾』相應。上文既說一般人的

愚只是自然的缺陷；那麼這裏所說的應當是：明哲的人本來

比較有知識，為什麼有時候還有愚蠢的行動。現在說：明哲

的人的愚蠢是假裝的，和一般人的真實而自然的愚蠢不同－

－真是牽強得很，縱然《論語》裏有那麼一個說得很好的題

材。上文云：『人亦有言，靡哲不愚。』『靡哲不愚』是引

述普通人的話，不會有那種深沈意思，可以講作：沒有一個

哲人不裝傻。」載《高本漢詩經注釋》，下冊，頁917。

④ 《高本漢詩經注釋》，下冊，頁918。

《大雅·崧高》——于邑于謝
——四方于宣

《鄭箋》曰：「于，往……往作邑於謝。」①高氏同意鄭
說，把這句釋作「他去在謝居住。」②馬瑞辰提出另一種訓
釋，他說：

> 「惟上于字當讀作為之為，『為邑于謝』，猶
> 云『作邑于謝』，不得如《箋》訓為往耳。」③

馬訓蓋本《詩》「四國于蕃，四方于宣」句，馬氏曰：

> 「二于字皆當讀為，猶言為蕃為垣也。古于、
> 為同音通用，《聘禮記》鄭《注》：『于，讀曰
> 為。』《定之方中》詩：『作于楚宮』、『作于楚
> 室』，《文選》李善《注》引作『作為楚宮』、
> 『作為楚室』，是其證矣。」④

高氏反對馬氏的講法，他說：

> 「『于』決不能那麼講。王引之在《經傳釋
> 詞》裏只引了一條例來證明『于』當『為』講，就
> 是《孟子·萬章篇》上的『女其于予治』。其實這
> 個『于』是和『於』一樣的（在《孟子》的語言

　　　　裏，『于』和『於』並不一樣，不過這是《孟子》

　　　　引述的古語，在那裏兩個字義同），『女其于予

　　　　治』的意思是：你要依我來治理。馬氏說『于』

　　　　*gwo 和『為』*gwiᴄ古音同，他也是錯的。這句詩

　　　　的意思是：（他們去保護四方的國家），他們去防

　　　　衛四方的國家。」⑤

「于」字古音匣紐魚部，「爲」字匣紐歌部，二字雖非同音，

但聲母相同，韻母則有旁轉的關係。二字音既相近，故可通

用。至於「于」訓「爲」，除了馬氏所引的《鄘風・定之方

中》外，還可以找到其他證據，如《儀禮・士冠禮》：「宣之

于假。」⑥《注》：「于，猶爲也。」⑦由此看來，馬氏之訓

釋，其理可通，高氏反駁其說，似沒有舉出令人信服之理由。

【註釋】

① 《十三經注疏》，上冊，頁566中。

② 《高本漢詩經注釋》，下冊，頁961。

③ 《毛詩傳箋通釋》，頁308下。

④ 同上，頁308上。

⑤ 同②，頁960。

⑥ 同①，頁957下。

⑦ 同上。

《大雅・瞻卬》──無不克鞏……式救爾後

《毛詩》作「式救爾後」，《魯詩》作「式救爾訛」。高氏說：

「兩個本子的末一字大不相同，又都不能，我們只好說《詩經》原來當是另外一個比較能和『鞏』*kung 叶韻的字。《毛詩》的『後』字，是因為《詩經》常有如『艾保爾後』（《小雅・南山有臺篇》）之類的末句而誤的。依照《文王篇》的『無遏爾躬』，我主張把末句改作『式救爾躬』：那麼就救你自己吧！即使這樣，這裏的韻，*kiung-*kiông 還是不好，不過也就是可以的了……」①

「鞏」字古音見紐東部，「後」字匣紐侯部，二字是陰陽對轉的關係，彼此可以相押。《詩經》中通韻和合韻的情況屢見不鮮②。「鞏」、「後」二字既然可以互押，高氏的講法便不攻自破。此外，高氏擅改《經》文以求押韻，也是魯莽的做法。

【註釋】

① 《高本漢詩經注釋》，下冊，頁1003。

② 向熹說：「《詩經》用韻共計1695處，其中各韻部獨用共1486處，佔全《詩》用韻的87.6％；通韻和合韻共209處，佔全《詩》用韻的12.4％」，載《詩經語言研究》，頁125。

《周頌・清廟》──對越在天

高氏說：

> 「陳奐引《爾雅》訓『越』為『揚』，以為
> 『對越』就是《江漢篇》『對揚王休』的『對
> 揚』。『對揚』又常見於金文。『越』指『走得
> 遠』是普通的；作及物動詞用，又指『送得遠，宣
> 揚，宣告』，如《國語・晉語》：『使越於諸
> 侯。』；《尚書・梓材篇》：『女若恆越曰。』如
> 此，這句詩是：他們對答並且讚揚那些在天上
> 的。……」①

「對越」即「對揚」，可從金文及古籍中找到例證，是可以相
信的。如王念孫《經義述聞》說：

> 「『對越在天』，與『駿奔走在廟』相對為
> 文。『對越』，猶『對揚』，言對揚文武在天之神
> 也。《大雅・江漢篇》曰：『對揚王休。』《箋》
> 曰：『對，答也。』《顧命》曰：『用答揚文、武
> 之光訓。』《祭統》曰：『對揚以辟之勤大命，施
> 于烝彝鼎。』並與『對越』同義。』《爾雅》曰：

『越，揚也。』……揚、越一聲之轉，對揚之為對

越，猶發揚之為發越，清揚之為清越矣。』」②

　高氏將「對越」釋作「對答並且讚揚」，很明顯是把「對

越」分拆開來解說：即以「對答」釋「對」；以「讚揚」釋

「越」。這實在有商榷的餘地。

　考諸金文，「對」、「揚」或分用，或連用。近人姜昆武

《詩書成詞考釋》對此有很詳細的說明：

　　「對揚通作對越，《詩》凡二見。大臣受賜封

　　後，謝答天子(邦君)大德厚愛之專用成詞，每見於

　　文末，常與皇休、丕顯聯用，或略作對，或略作越

　　(揚)。《毛公鼎》載成王冊命毛公，賜之後，毛公

　　厝『對揚天子皇休』，有如拜手稽首及後世書函末

　　之『即頌』、『敬祝』之類特定格式成詞。《尚

　　書》罕見，《詩》中亦偶見其用，尤足輔證為銘文

　　嘏祝格式成詞。《盂鼎》王賜封盂後，『盂用對王

　　休』，是省稱對也。《頌鼎》『頌敢對揚天子丕

　　顯休魯』、《追段》『天子既多賜追休，追敢對揚

　　子顯揚』，是分文為用。《靜段》：『靜敢拜首，

　　對揚天子丕顯休。』皆受錫後答禮頌謝也。金文之

例，比比皆是，一覽即知。《大雅‧江漢》王既召
虎賜以圭瓚秬鬯一卣，又賜山土田，於是虎拜稽
首，對揚王休，以拜謝天子厚賜深德。《清廟》
『濟濟多士，秉文之德，對越在天』，其用稍易，
但實質則一。《清廟》周公祀文王廟，率土拜頌先
文王德美之祝嘏語，對揚在天之文王之恩德也，對
揚一詞疑乃整個答謝儀式之總稱。拜手稽首僅為動
作，而對揚恐並有頌辭歌舞等一套完整之答謝禮
式，而如後世朝見時山呼舞蹈之類，既用於銘文之
末，遂以格式語視之，而多不明究其何以謂對，何
以謂揚矣。」③

他又說：

「按對越、對揚初周成詞，頌贊致禮之常詞
也。大臣建功，天子冊命賜封，遂作器以誌，於銘
文中致其頌贊拜恩之意，而用對越於文末。此一成
詞，多見於金文，《詩》偶用之。《清廟》『濟濟
多士，……對越在天』，謂頂禮於上天也。未可從
本義作相對發揚解。」④

姜氏在銘文中找到堅實的證據，指「對越」是周代慣用的成詞，不能分拆來解說，這是可信的。此外，林沄、張亞初在《〈對揚補釋〉質疑》一文中指出銘文中「對揚」、「奉揚」、「每揚」的用法與作用大體相同⑤，亦間接說明「對越」或「對揚」不應解作「對答並且讚揚」。

【註釋】

① 《高本漢詩經注釋》，下冊，頁1009。又高氏原文作 "respond to and (proclaim=) extol those in Heaven"。

② 《經義述聞》，頁171上－下。

③ 《詩書成詞考釋》，頁335。

④ 同上，頁334。

⑤ 見《考古》1964年第5期，頁246－248。

《周頌・維天之命》——駿惠我文王，曾孫篤之

　　《鄭箋》訓「駿惠」爲「大順」。①馬瑞辰謂：「駿惠二字平列，皆爲順。」②高氏反對以上兩種講法而另立新說，高氏曰：

> 「這兩句和《烈文篇》的『惠我無疆，子孫保之』十分相像。在那裏，『我』是動詞『惠』的受詞，非常清楚（：他們給我們的好處無限，子和孫保持它）。所以在這裏，『我』也是受詞。這一句的主詞是下面的文王，Waley 亦如此說，這種語序是不對的；我們必須說這是加重語氣的句法，和『駿惠我者，文王也』一樣。如此，這兩句是：大大的給我們好處的是文王，子孫們要（鞏固它＝）穩重的保持它。」③

高氏既認爲這樣語序不對，爲了自圓其說，只好說這是加重語氣的句法，卻沒有進一步提出可靠的證據。他把「駿惠我文王」講作「駿惠我者，文王也」，純屬主觀猜度，不足信從。從這句句意看，「我」是第一人稱代詞，相當於現代漢語中的

「我的」、「我們的」。《詩經》中同類例子很多，如《邶風·柏舟》：「我心匪席」、《邶風·匏有苦葉》：「卬須我友」、《邶風·泉水》「問我諸姑」、《鄭風·將仲子》：「畏我父母」、《小雅·黃鳥》：「復我諸父」、《大雅·皇矣》：「無飲我泉」、《周頌·臣工》：「命我眾人」等句中的「我」都是這種用法。

對於這一句的解釋，于省吾《詩「駿惠我文王」解》作了很細密的分析，茲詳錄其說如下：

> 「驗之于金文，則『駿惠』二字本應作『畯
> 疐』。宋代出土的秦公鐘，有『畯疐在立（位）』
> 之語，而秦公簋則作『畯疐在天』（詳下文）。畯
> 古駿字，凡典籍中的駿字，金文均作畯。畯從允
> 聲，駿從夋聲，是畯與駿音近字通。『惠』乃
> 『疐』字的形訛。秦公鐘『畯疐』之『疐』，薛氏
> 《歷代鐘鼎彝器款識》和呂氏《考古圖》均釋作
> 『惠』，近人孫詒讓的《古籀拾遺》，王國維的
> 《兩周金石文韻讀》也均釋作『惠』。這與秦漢之
> 際的學者隸定此詩古文時，釋『疐』為『惠』，雖
> 然中間相去兩千多年之久，而其誤認古文，則不謀

而合。為了要解決『畎蹇』二字的義訓，必須先把
秦公鐘的『畎蹇在立』和秦公簋的『畎蹇在天』之
語弄清楚。郭沫若《兩周金文辭大系圖錄考釋》于
秦公簋下說：『畎蹇才天，畎讀為峻，高也。蹇即
《豳風·狼跋》「載蹇其尾」之蹇，蹇謂蹋也（原
注：《爾雅·釋言》訓蹇為仆，又為跲。《說文》
云：『跲，躓也。』然躓有蹋義，見《廣雅·釋
詁》，則跲與躓亦有蹋義可知）。猶言高蹋在天
也。』……蹇字《說文》作蹇，訓為『礙不行也，
從虫引而止之也』。郭沫若《兩周金文辭大系圖錄
考釋》于晉姜鼎下說：『乍蹇為亟，蹇即蹇字，
《禮·曲禮上》，士蹇之，《疏》云，蹇謂脫華
處，今此上從芔（花）省，下從止，即古文趾，則
《疏》說最為得之。中之田形，蓋即蒂之象，非田
字。』按蹇字卜辭作𩥉，商代金文作𩥉，上非從蹇
省，則其中之田也無由象蒂形。蹇字的造字本義只
有待考。至于《曲禮》《孔疏》謂蹇為脫華處亦
誤。《說文》無蒂字，本作蔕，訓為『瓜當』，
『瓜當』謂瓜之底與蔓相接處，王筠《說文句讀》

也疑《孔疏》謂之『脫華處』為非。《爾雅・釋木》『棗李曰疐之』，孫炎《注》謂『疐之去柢也』，此與《曲禮》言削瓜『士疐之』的疐字都由名詞轉作動詞用，是『去疐』之義。《說文》訓蔕為『瓜當，从艸帶聲』，乃疐之借字。段玉裁《注》：『《聲類》曰，蔕，果鼻也，瓜當、果鼻正同類。《老子》深根固柢，柢亦作蔕。《西京賦》蔕倒茄于藻井，皆假借為柢字。』《說文》：『柢，木根也，从木氐聲。』段玉裁《注》謂『柢或借蔕為之』。《爾雅・釋言》：『柢，本也。』其實，《說文》以為疐从𡉚，又訓為『礙不行』，殊不可信。驗之于金文，則疐乃根柢之柢的初文，後世由于音同字通，借柢、蔕、蒂等字以為之。金文中的疐字屢見，除用作人名外，均應讀作柢，訓為根柢或本柢。井人鐘：『妄憲憲聖趩（讀為爽）疐處宗室。』《禮記・中庸》『憲憲令德』，鄭《注》『憲憲，興盛之貌。』《詩・采蘋》：『于以奠之，宗室牖下』，《毛傳》：『宗室，大宗之廟也。』鐘銘是說，妄之所以能夠興盛聖明者，由

于根柢處于大宗之廟。晉姜鼎先言『余唯司（嗣）
朕先姑君晉邦』，這是說，晉姜嗣續他的先姑為晉
邦的母后；銘文末段稱晉姜『作疐為亟（極）』，
『極』應訓為『標準』（見劉台拱《荀子補注·王
霸》）。這是說，晉姜自稱為晉邦的根柢和準極。
綜上所述，則此詩之『駿惠我文王，曾孫篤之』，
駿惠本應作畯疐。畯與駿係古今字，惠乃疐字的形
訛，疐與柢古字通用。駿訓大，柢訓本，是典籍中
的通詁。《荀子·禮論》和《大戴記·禮三本》均
稱：『先祖者類之本也。』類為族類。文王為周家
創業之祖，又為血緣之宗，故詩人歌頌之以大本為
言。本即《文王篇》『文王孫子，本支百世』之
本，《毛傳》訓本為本宗是對的。其言『曾孫篤
之』，篤字應依《爾雅·釋詁》訓為固，《傳》、
《箋》訓為厚或厚行非是。詩人之意，謂周家後世
子孫應該鞏固其大本，故言『曾孫篤之』，之字係
指示代詞，指大本為言。這不過是想要長久維持他
們的統治地位而已。秦公鐘的『畯疐在立』和秦公
簋『畯疐在天』義各有當，無須擅改。《詩經》的

　　　『駿惠我文王』本應作『𣢍叀我文王』。舊誤訓惠

　　　為順。由于典籍與地下文字資料得到了交驗互證，

　　　因而金文中的『叀處宗室』和『作叀為極』的解

　　　釋，過去是懸而未決的問題，現在也可以近刃而解

　　　了。」④

以往說《詩》者訓釋「駿惠」一詞，皆未能列出確鑿可靠的證

據。于氏透過金文的考釋提出新解，引證詳實，見解精到，足

以正舊說之誤。

【註釋】

① 《十三經注疏》，上冊，頁584上。

② 《毛詩傳箋通釋》，頁325下。

③ 《高本漢詩經注釋》，下冊，頁1014。

④ 《澤螺居詩經新證》，頁228－232。

《周頌・天作》——天作高山，大王荒之

《毛傳》曰：

> 「作，生；荒，大也。天生萬物於高山，大王
> 行道，能安天之所作也。」①

高氏說：

> 「『荒』當然應該照《毛傳》訓『大』……不
> 過在這裏是『覺得大』的意思：天作了高山，大王
> 覺得它大。」②

《毛傳》訓「荒」爲「大」，似未確當。《說文》卷一下艸部曰：「荒，蕪也。」③然古漢語中反義爲訓之情況甚普遍，如東晉郭璞《爾雅・注》曰：「以徂爲存，猶以亂爲治，以曩爲曏，以故爲今，此皆訓詁義有反復旁通，美惡不嫌同名。」④清人俞樾《古書疑義舉例》亦有《美惡同辭例》⑤，專論及此。故朱熹《詩集傳》訓「荒」爲「治」⑥，其說有據。此外，《詩經原始》曰：

「此詩首四句特題大王、文王，其意蓋以大王
遷岐為王業之基，文王治岐為王業之盛，光前裕
後，二君為大。」⑦

是《詩》首二句寫大王由邠遷岐，開創基業，故訓「荒」為
「治」，符合《詩》意。楊樹達《詩周頌天作篇解》釋之甚
詳，楊氏曰：

「《說文》一篇下艸部云：『荒，蕪也。』蕪
謂之荒。墾治蕪穢亦謂之荒。古名、動同辭之通例
也。……天作高山，太王墾闢其蕪穢。彼為其始，
而文王賡續治之。是以雖彼險阻之岐山，亦有平易
之道路也。夫先人創業之難如此，子孫其善保之
哉。」⑧

高氏從毛訓，釋「荒」為「大」，未確。此外，從句式方面
看，《詩》中置句末且為代名詞之「之」字，其前多為動詞。
⑨故本句「荒」應為動詞，高氏把這句解作「大王覺得它
大」，以「荒」為形容詞，又硬加上「覺得」來解釋，其說迂
曲難從。

【註釋】

① 《十三經注疏》，上冊，頁585下。

② 《高本漢詩經注釋》，下冊，頁1019。

③ 《說文詁林》，冊2，頁392b上。

④ 《十三經注疏》，下冊，頁2577中。

⑤ 《皇清經解續編》，冊20，頁15961下－15962上。

⑥ 《詩集傳》，頁225。

⑦ 《詩經原始》，下冊，頁1243。

⑧ 《積微居小學述林》，頁225。

⑨ 據黎錦熙在《三百篇之「之」》一文中統計，《詩經》「之」為代名詞者四百，在動詞後者凡三百九十九，在介詞後者僅一見。（參黎著《漢語釋詞論文集》，頁94－106）

《周頌‧思文》──帝命率育，無此疆爾界

高氏解釋此句，主要根據朱熹《詩集傳》，他說：

「朱熹訓『率』為『徧』；又把『爾』講作『近』（如《大雅‧行葦篇》的『爾』）：上帝的命令是普養育，沒有這些限制和近的疆界。（那就是：人民無遠近之別）。不過我覺得能加以修改，把兩句連接起來，又要好一點：上帝命令所有的人都養育，不要有這些範圍和（近＝）窄狹的限定。」①

這就是說，高氏基本上同意「爾」訓「近」，不過再引伸解作「窄狹」。這種看法有可商之處。《說文》卷三下㸚部曰：「爾，麗爾，猶靡麗也。」②《段注》曰：

「後人以其與汝雙聲，假為爾汝字，又凡訓如此，訓此者，皆當作尒，乃皆用爾，爾行而尒廢矣。」③

《說文通訓定聲》曰：

　　　　「叚借為尒，猶言如此也。《禮記‧檀弓》：

　　『爾毋從從爾。』《注》：『語助也。』《孟

　　子》：『鬱陶思君爾。《注》：辭也。』謝元暉

　　詩：『故人心尚爾。』《注》：『詞之終也。』

　　《世說》：『聊復爾早，猶云如此而已也。』」④

「爾」可作為指示代詞，是「此」、「這」的意思。《詩經》
中也有這樣用法，如《周頌‧噫嘻》「噫嘻成王，既昭假
爾」，陳啓源《毛詩稽古編》曰：

　　　　「『既昭假爾』，爾字，毛、鄭俱未有所指。

　　孔述毛云：『王之政教光明，至於天下，德既光

　　明，顯著如此。』以『如此』二字代『爾』字。句

　　法較穩。」⑤

又《大雅‧桑柔》「雖曰匪予，既作爾歌。」「爾歌」亦宜作
「此歌」解。

　　再看本《詩》「無此疆爾界」句，「疆」與「界」近義，
「此」與「爾」同意，把這句理解作對文的寫法，則《詩》意
通圓。

【註釋】

① 《高本漢詩經注釋》，下冊，頁1032。

② 《說文詁林》，冊4，頁1397a上。

③ 同上。

④ 同上，頁1397b上。

⑤ 《皇清經解》，冊2，頁1032上。

《周頌·臣工》──嗟嗟保介

高氏說：

「Ａ鄭氏訓『保』為『衣』，訓『介』為
『甲』；所以這句詩是：啊，你們被衣帶甲的人。
這是說戰車上的車右。馬瑞辰據此，以為保就是
裸。不過這些解釋都是不合理的。本篇所說是農
事，不是戰車和戰士。Ｂ《呂氏春秋·孟春紀》也
有『保介』，和王的耕禮有關係，高誘《注》簡單
的釋『保介』為『副』。『介』作『副』講是普通
的，《禮記》和《儀禮》常有。『保』一般是『保
護』。《禮記·文王世子篇》有『保也者，慎其身
以輔翼之』，『保』也有『副』的意思。如此，這
句詩只是：哦，你們這些副手。」①

首先，高氏誤釋《鄭箋》。《鄭箋》原文如下：

「保介，車右也。《月令·孟春》：『天子親
載耒耜，措之於參保介之御間。』莫，晚也。周之
季春，於夏為孟春，諸侯朝周之春，故晚春遣之。
其車右以時事，女歸當何求於民，將如新田畬何，

急其教農趨時也。介，甲也；車右，勇力之士，被
甲執兵也。」②

《孔疏》申《鄭箋》曰：

「此所以勑人也。以《月令》準之，知保介為
車右，故即引《月令》以證之。盡保介之御間，皆
《月令》文。彼說天子耕籍手之禮，天子親載耒
耜，措置之於參乘之人，保介之與御者二人間。君
之車上，止有御者與車右二人而已。今言保與御，
明保介即車右也。引之者，證保介為車右也。又明
以農事勑車右之意，以諸侯耕籍勸農，則此人與之
同車，而置田器於其間，見勸農之事……」③

《箋》、《疏》文意明晰，訓「保介」為「車右」，指天子親
自催耕時的車上的士衛。很明顯，本《詩》是寫農耕之事，鄭
玄也講得十分清楚。大體因為《鄭箋》有「介，甲也；車右，
勇力之士，被甲執兵也。」之語，故高氏以為鄭氏講的是戰車
和戰士，這是嚴重的誤解。

其次，郭沫若《由周代農事詩論到周代社會》一文認為古
訓有未盡善之處，並提出了新的看法，郭氏說：

　　　　「所謂『保介』，鄭玄在此處及《月令》『天

　　子親載來耜，措之於參保介之御間』均解為『車

　　右』，謂『車上勇力之士，被甲執兵』，但在本

　　《詩》裏便講不通。《呂氏春秋·孟春紀·注》：

　　『保介，副也』，也沒有說明是甚麼官職之副。朱

　　熹補充之，解為『農官之副』。但看情形應該就是

　　後來的『田畯』，也就是田官。『介』者『界』之

　　省，『保介』者，保護田界之人。」④

「保」訓作「保護」，《詩經》中極為普遍，如《大雅·烝

民》：「既明且哲，以保其身」、《魯頌·閟宮》：「保彼東

方，魯邦是常」、《小雅·瞻彼洛矣》：「保其家室」、《大

雅·崧高》：「南土是保」等，「保」即作「保護」解。

「介」疑與「界」為同字。《說文》卷二上八部曰：「介，畫

也。」⑤《段注》曰：

　　　　「畫部曰：『畫，畍也。』按：『畍也』，當

　　是本作『介也』，介與畫互訓。田部畍字蓋後人增

　　之耳。介、畍古今字。」⑥

《說文》卷十三下田部訓「畍」為「境也」，⑦段氏曰：

「竟，俗本作境，今正樂曲盡為竟。引申為凡

邊竟之偁，界之言介也。介者，畫也；畫者，介

也。象田四界聿，所以畫之，介、界古今字。」⑧

由此看來，「保介」作「田官」解，其理可通。加上本《詩》

既有關農事，則郭說無疑較高氏所引的兩種講法為勝。

【註釋】

① 《高本漢詩經注釋》，下冊，頁1034。

② 《十三經注疏》，上冊，頁591上。

③ 同上。

④ 《青銅時代》，頁80－81。

⑤ 《說文詁林》，冊3，頁497b上。

⑥ 同上，頁497b下。

⑦ 同上，冊13，頁6197a上。

⑧ 同上。

《周頌・載見》——載見辟王

　　《毛傳》曰：「載，始也。」①《鄭箋》、《孔疏》同其說。②《詩集傳》另立新說，朱子曰：「載，則也，發語辭也。」③高氏同意朱熹的講法，高氏說：

　　　「朱熹把『載』講作『則』，只是一個句首助詞：他們出現在君王的面前。《鄘風・載馳篇》：『載馳載驅』，『載』字也在句首，但不能講作『始』，《毛傳》也說是『詞』。這可以證實朱氏。《載芟篇》有『載芟載柞』；《鄭箋》訓『載』為『始』也不對，『載』同樣的只是助詞。」④

《說文》卷十四上車部：「載，乘也。」⑤《段注》曰：

　　　「又叚借之為始，才之叚借也。才者，艸木之初也。夏曰載，亦謂四時終始也。」⑥

是「載」訓「始」，乃假借義。《豳風・七月》：「春日載陽，有鳴倉庚。」《魯頌・閟宮》：「秋而載嘗，夏而楅衡。」「載」皆解作「始」。

　　此外，各家言本《詩》詩旨，頗爲一致。《詩序》曰：
「《載見》，諸侯始見乎武王廟之樂歌也。」⑦

陳奐《詩毛氏傳疏》曰：

　　　　「成王之世，武王廟爲禰廟。武王主喪，畢入

　　禰廟，而諸侯于是乎始見之。」⑧

姚際恒《詩經通論》曰：

　　　　「當云成王朝諸侯，始來助祭乎武王廟之

　　《詩》也。」⑨

《詩經傳說彙纂》曰：

　　　　「成王新即政，率百辟見于昭廟，以隆孝享，

　　一以顯者定之大烈，一以彰萬國之驩心，有丕承王

　　業，畏懷天下之氣象，故曰始也。」⑩

配合《詩》旨，訓「載」爲「始」，頗爲合理。其實，朱訓頗
有可疑之處，方玉潤《詩經原始》曰：

　　　　「《序》謂『始見乎武王之廟也。』毛萇訓

　　『載』爲『始』，朱子以爲恐未然，故以『載』作

　　發語辭。姚氏謂《集傳》既訓『載』爲『則』，則

　　不當云發語辭。『則』乃承接之辭，豈可作發語

　　用！」⑪

方說甚是，朱說自相矛盾，未足爲據。

【註釋】

① 《十三經注疏》，上冊，頁596下。

② 《鄭箋》曰：「諸侯始見君王。」《孔疏》曰：「《載見》
詩者，諸侯始見武王廟之樂也。」參同上，頁596中－下。

③ 《詩集傳》，頁231。

④ 《高本漢詩經注釋》，下冊，頁1045。

⑤ 《說文詁林》，冊14，頁6441a下。

⑥ 同上。

⑦ 《十三經注疏》，上冊，頁596中。

⑧ 《皇清經解續編》，冊12，頁9363上。

⑨ 《詩經通論》，頁341。

⑩ 《欽定詩經傳彙纂》，冊9，卷20，頁62上。

⑪ 《詩經原始》，下冊，頁1297－1298。

《周頌・閔予小子》——永世克孝

高氏說：

> 「A《鄭箋》把『永世』講作『長世』；他
> 說：『謂能以孝行為子孫法度，使見行也。』這個
> 講法不能和原文的用字相合。B朱熹把『永世』講
> 作『終身』；所以：你終身能孝順。Waley另有一
> 個講法：我終身孝順。這就把『克』字丟掉了。C
> 永世』確實要依《鄭箋》講作『長世』。參看《左
> 傳・僖公十一年》：『何世不長。』不過『孝』字
> 卻要講作被動動詞。所以：你能永遠被孝敬。」①

《鄭箋》原文如下：

> 「長世能孝，謂能以孝行為子孫法度，使見行
> 也。」②

這是解釋「永世克孝」整句句義，故譯者說：

> 「鄭氏已經照原文的字句講作『長世能孝』
> 了，可惜高氏沒有引。這幾句又是申述『長世能
> 孝』的。」③

根據《詩序》和《鄭箋》的講法，本《詩》是成王遭武王之喪，表示思念，並以自警。④這一句寫武王一生遵行孝道，可為後世法，《鄭箋》和申鄭說的《孔疏》⑤都解說得十分通暢明白，高氏說《鄭箋》的講法不能與原文相合，令人費解。此外，把「孝」字釋作被動動詞，也不似古漢語的慣用文法。

【註釋】

① 《高本漢詩經注釋》，下冊，頁1050。

② 《十三經注疏》，上冊，頁598中。

③ 同①。

④ 《詩序》曰：「閔予小子，嗣王朝於廟也。」《鄭箋》：「嗣王者，謂成王也。除武王之喪，將始執政，朝於廟也。」（參《十三經注疏》，上冊，頁598上）

⑤ 《孔疏》曰：「武王身為孝子耳，而云長世，是其孝之法，可後世長行，故知謂以孝行，為子孫法度，使長見行之也。」（參《十三經注疏》，上冊，頁598中）

《周頌‧訪落》──訪予落止

《毛傳》訓「訪」為「謀」，訓「落」為「始」。①高氏
認為毛說不可從，他對本句的理解如下：

「在高文典冊中，『落』常指君王的『死』，
例如《尚書‧堯典》（《舜典》）：『二十有八
載，帝乃殂落。』下句講到死去的父親，可見這裏
的『落』正是那個意思：我諦視死者（我要遵循那
有神座的先父的例）。」②

高氏訓「落」為「死」，是因為有《尚書》的例證。此外，
《國語‧吳語》有「民人離落」句，《注》曰：「落，殞
也。」③，疑「落」假借為「骆」，「落」、「殞」互訓，並
有「死」義。然而這並不能證明《毛傳》有誤。古漢語中義兼
正反的例子甚多，是故「落」亦可作「始」解。董磻《反訓纂
例》一文指出：

「《爾雅》：『落，始也。』『存也。』又
『殆，死也。』《釋文》云：『本又作落，《石
經》作落。』嚴氏元照《爾雅匡名》云：『案：殆

亦俗字，諸本無作殆者。』始，即生也，與死相

反。死即終也，與始相反。」④

徐榮《古漢語反訓集釋》申董氏之說，曰：

　　「『落成』、『落生』均以言始，而『殂

落』、『隕落』則以言終。今北京俗言人家喪事曰

『落白事』，言人死曰『落了』，言生兒曰『落草

兒』、『落生』。可為古義之參證。⑤

徐氏所言甚是，事實上，古漢語中已有這種用法，如《左傳‧

昭公‧七年》曰：「楚子成章華之臺，願與諸侯落之。」⑥

《注》：「宮室始成，祭之曰落。」⑦。本《詩》是寫成王朝

武王廟與臣子商議政事，《詩序》曰：「《訪落》，嗣王謀于

廟也。」⑧《正義》曰：

　　「《訪落》詩者，嗣王謀于廟之樂歌也。謂成

王既朝廟而與群臣謀事，詩人述之而為此歌矣。」

　　⑨

《詩集傳》曰：

　　「成王既朝于廟，因作此《詩》，以道延訪群

臣之意。」⑩

《詩經通論》曰：

　　　　「此成王既除喪，將始即政而朝于廟，以咨群

　　臣之《詩》。」⑪

《詩經原始》曰：

　　　　「此《詩》諸家所言大略相同，蓋成王初政而

　　朝于廟，以延訪群臣之《詩》。」⑫

故考察本《詩》詩旨去看，鄭訓實符合《詩》意。再者，高氏

的原文是 "I scrutinize my deceased one" ⑬，把「訪」講作

"scrutinize"，古籍中沒有這樣的用法，高訓臆測而已。

【註釋】

① 《十三經注疏》，上冊，頁598中。

② 《高本漢詩經注釋》，下冊，頁1052。

③ 《國語》，冊2，頁84。

④ 參董著《反訓纂例》，載《燕京學報》第22期，（1936

　　年），頁119－174。

⑤ 《古漢語反訓集釋》，頁109。

⑥ 《十三經注疏》，下冊，頁2048中。

⑦ 同上。

⑧ 同上，上冊，頁598中。

⑨ 同上。

⑩ 《詩集傳》，頁232。

⑪ 《詩經通論》，頁344。

⑫ 《詩經原始》，下冊，頁1308。

⑬ "Glosses on the Taya and Sung odes",載 *Bulletin of the Museum of Far Eastern Antiquities* Vol. 18 （1946）p.160。

《周頌・載芟》──匪且有且，匪今斯今

高氏說：

> 「《毛傳》訓『且』為『此』。清代學者們以
> 為『且』*ts'i̯o是『此』*ts'i̯ər的假借字。從音上
> 講，毫不足信。毛氏時常只就表面的音近猜想一個
> 講法，這是其中之一。《鄭箋》的解說是：『心非
> 云且而有且。』我們不知道是什麼意思。（《孔
> 疏》以為鄭氏以為『且』是語助詞。）朱熹講作：
> 『非獨此處有此稼穡之事，非獨今時有今豐年之
> 慶。』……另一說：『且』時常指『暫且，暫時』
> 現代中國語如此，古代中國語也有這個講法，如
> 《左傳・成公二年》：『且辟左右。』這裏的
> 『且』也是這樣講：不是暫時暫且如此，不是現在
> 剛剛如此。（下文『振古如茲』是：遠古以來就是
> 這樣了。）」①

首先，「且」字古音清紐魚部，「此」字古音清紐支部，二字
聲母相同，韻母是旁轉的關係，彼此有假借的條件，高氏指從
音上講，二字不能通借，並非事實。其次，《鄭箋》的文意不
甚清晰，故高氏不明所指，然而我們可以參考陳奐《詩毛氏傳
疏》的講法，陳氏說：

> 「匪且有且，言不期有此，而今適有此也。此
> 者，指上文洽禮獲福而言。匪今斯今，言不始于今
> 而其見于今也。」②

《傳疏》之論，實申鄭訓。另外，黃焯《詩說》曰：

> 「此二句如作一句言，則直云『匪今有此』
> 耳。其先言『且』而後言『今』者，則倒文以便
> 韻。下云：『振古如茲』，『振古』正承『匪今』
> 言，『如茲』正承『匪且』言。《詩》意謂匪今有
> 此社稷之祀，蓋自古而然矣。」③

《詩經》中「且」作「暫時」、「暫且」解，固然可以找到例
證，④但黃焯的講法既合《詩》韻，又與下句配合得很好，無
疑較爲妥當。

【註釋】

① 《高本漢詩經注釋》，下冊，頁1065。

② 《皇清經解續編》，冊12，頁9367上。

③ 《詩說》，頁131。

④ 《唐風・山有樞》：「且以喜樂，且以永日。」《小雅・吉
　日》：「以御賓客，且以酌醴。」「且」皆作「暫時」、
　「暫且」解。

《周頌・賚》——敷時繹思

　　高氏認爲「繹」宜訓「豐盛」，他說：

　　　　「馬瑞辰：句末的『思』是普通的語助詞。
　　『繹』如朱熹訓『尋繹』：他鋪展它，尋繹
　　它。……另一說——如馬瑞辰說，『思』是語助
　　詞。『繹』則用《韓詩》說訓『豐盛』……所以：
　　他到處鋪展那豐盛。」①

高氏謂馬瑞辰訓「尋繹」，與朱熹同，實有可商之處。朱熹
《詩集傳》曰：「繹，尋繹也……繹思，尋繹而思念也。」②
馬瑞辰《毛詩傳箋通釋》曰：

　　　　「敷有施陳之義，則繹不得訓陳，當讀爲抽繹
　　之繹。《說文》：『繹，播絲也。』《廣雅・釋
　　言》：『繹，播也。』播與抽同。《說文》：
　　『播，引也。』『敷時繹思』，謂布是文王之德澤
　　而尋繹引申之，以及於無窮，即《序》所云『錫予
　　善人』也。」③

朱熹以「思」爲「思念」，馬氏以「思」爲助詞。他們訓
「繹」字，重點亦有明顯不同。馬氏之說，本《說文》「繹，

抽絲也」④，由此引申，則「繹」有繼續、引申、至於無窮之
意；朱氏所謂「尋繹而思念」，並無引申作連綿不斷之意。

　　觀本《詩》詩意，馬訓甚爲合理，同其說者甚眾，如姚際
恆《詩經通論》曰：

　　　　「敷，布也，施也。布施是政，使之續而不

　　絕，不敢倦而中止也。」⑤

于省吾《澤螺居詩經新證》曰：

　　　　「按《文選・劇秦美新》『神歆靈繹』

　　《注》：『繹猶緒也。』《論語・八佾》《皇

　　疏》：『繹，尋續也。』上言『文王既勤止，我應

　　受之』，是我指武王言。時猶以也。《蕩》『時無

　　背無側』，《漢書・五行志》引作『以亡陪亡

　　卿』。『敷時繹思』，言徧以續之，完成文王未竟

　　之功也。『時周之命於繹思』，言此周之命於續

　　之。《書・梓材》『用懌先王受命』，懌、繹古

　　通。《頍弁》『庶幾說懌』，《釋文》：『懌，本

　　又作繹。』用懌先王受命，與『與時周之命於繹

　　思』義同，句有倒正耳。」⑥

于氏從上文有「文王既勤止，我應受之」句，推論下句「繹」字有「繼續」之意，又引《尚書·梓材》及《詩·頍弁》為證，理據充分，較高說為勝。

【註釋】

① 《高本漢詩經注釋》，下冊，頁1077。

② 《詩集傳》，頁236。

③ 《毛詩傳箋通釋》，頁349上。

④ 《說文詁林》，冊13，頁5793b下。

⑤ 《詩經原始》，上冊，頁1335。

⑥ 《澤螺居詩經新證》，頁90。

《周頌・般》──允猶翕河

《毛傳》曰：「翕，合也。」①《詩集傳》曰：

　　「翕河，河善泛溢，今得其性，故翕而不為暴
也。」②

《毛詩傳通釋》曰：

　　「《爾雅・釋言》：『猷，若也。』猷、猶古
通用，猶為若如之若，又為若順之若。《爾雅・釋
言》：『若，順也。』《廣雅・釋詁》：『猷，順
也。』是知允猶即允若，允若即允順也。河以順軌
而合流，《禹貢》『同為逆河』，同即翕合之謂
也。」③

高氏反對以上諸說，而提出「翕」是「潝」的省體，他說：

　　「依陳奐，『允』是個語助詞。如馬瑞辰所
說，『猶』就是『若』，也就是『順』。『翕』
xiəp 是『潝』/dəîx/*xiəp/hi 的省體；《說文》訓
『潝』為『水疾聲』。這句詩是：他們順循湍急的
河。『潝』字*xiəp 古書未見，和「潗」*xiəp/
/dəîx/

xi̯əp/hi 原來是一個詞；「湁」字見於司馬相如《上林》。」④

高氏認爲以上的看法雖然沒有先秦的例證，究竟勝於《毛傳》、《朱傳》和馬氏的講法。高氏沒有提到取捨之間的理由，其說顯得武斷。事實上，《毛傳》訓「翕」爲「合」，很有道理。《說文》卷四上羽部：「翕，起也。从羽合聲。」⑤《段注》曰：

> 「《釋詁》、《毛傳》皆云：『翕，合也。』許云起，而合在其中矣。翕从合者，鳥將起必斂翼也。」⑥

故「翕」作「合」解，當爲引申義。此外，《小雅・常棣》「兄弟既翕，和樂且湛」句，《毛傳》曰：「翕，合也。」⑦《正義》曰：「兄弟既會聚矣。」⑧這一句是寫兄弟相聚，「合」與「聚」義近，故《毛傳》訓「翕」爲「合」。這是強而有力的佐證。綜合以上所論，本句「翕」訓「合」，理據充分。高氏訓釋古籍，向來十分重視同時代的例證，他對本句的理解，顯然難以令人折服。

【註釋】

① 　《十三經注疏》，上冊，頁605中。

② 　《詩集傳》，頁236。

③ 　《毛詩傳箋通釋》，頁350上。

④ 　《高本漢詩經注釋》，下冊，頁1078。

⑤ 　《說文詁林》，冊5，頁1497b上。

⑥ 　同上，頁1498a上。

⑦ 　《十三經注疏》，上冊，頁409上。

⑧ 　同上。

《魯頌・閟宮》——犧尊將將

高氏說：

「A《毛傳》云：『犧尊，有沙飾也』，引起
許多揣測。第一以為《毛傳》這麼說，因為『犧』
*xiɑ和『沙』*sɑ古音同（！）（馬瑞辰）；其次，
『沙飾』就是『雉羽的裝飾』；又或者，『沙』就
是『疏』———諸如此類，都沒有用處。B還有許多
注家說：『犧尊』是犧飾或作犧形的尊。C『犧』
原來就是祭祀用的牲畜，犧尊大概就是祭用的尊，
Waley如此說。所以：祭祀的尊很大。大家都承認
『犧』的本來意義是『純色的牲畜』。不過我大膽
的假想『犧』的原始的意思並非如此。『犧』和
『戲』都音*xia/xjie/hi，『犧』的意思原來可能是
『喜』，和『吉』相似。『犧牲』就是『喜吉的牲
畜』；『犧尊』就是『喜吉的尊』。」①

因為沒有確證，高氏訓釋「犧」字，只用不大肯定的語氣。他
以為「犧」的原始意是「喜」，但並未能舉出書證。考《說

文》卷二上牛部：「犧，宗廟之牲也。从牛羲聲。」②從字形結構去看，訓「犧」爲「喜」，是不大可靠的揣測。

近代學者利用出土材料，進行考釋，得出令人信服的結論。于省吾說：

> 「按近世出土之尊，其體制象物形者，有犧尊、象尊、羊尊、鴟尊、兕尊等。《說文》引《周禮》六尊，亦有犧尊、象尊。《正義》謂犧尊有沙羽飾，非也。王肅謂以犧牛爲尊，是也。」③

陳子展《雅頌選譯》曰：

> 「犧尊何物有三說。《傳》云有沙飾，《禮》《鄭注》有沙羽飾，一說也。王肅云象牛，二說也。阮諶《聶崇義三禮圖》云畫牛，三說也。《周禮·春官·司尊彝》：『則作獻尊。』先鄭《注》：『獻讀爲犧。』《禮記·禮器》：『犧尊布冪。』《明堂位》：『尊用犧象。』可見犧尊爲周時常見之禮器。《傳》、《箋》不得其解。王肅申《毛》，於犧尊乃作別解。以禮犧尊、象尊形如牛、象，而背上負尊。又云：『太和中，魯郡於地中得齊大夫子尾送女器有犧尊，以犧牛爲尊。』蔡

　　　　崇古器，政和間，尚方所貯盡三代冢墓中物，今

　　　　《博古圖》所載是也。』其犧尊正如王肅所云。證

　　　　以近人《渾源彝器圖著錄》之山西渾源縣李峪村戰

　　　　國墓葬出土彝器，中有犧尊，現藏上海博物館者，

　　　　則王肅說為是，非故難鄭也。」④

于、陳二氏所說確鑿有理。事實上，既有出土器物為證，以往

注家莫衷一是的講法，孰是孰非，可謂昭然若揭矣。

【註釋】

① 《高本漢詩經注釋》，下冊，頁1097－1098。

② 《說文詁林》，冊3，頁543a上。

③ 《澤螺居詩經新證》，頁91。

④ 《雅頌選譯》，頁584。

《商頌・長發》——不競不絿

　　《毛傳》：「絿，急也。」①《鄭箋》曰：「競，逐也。不逐，不與人爭前後。」②《詩集傳》曰：「競，強；絿，緩也。」③

　　高氏訓「競」從朱說，因爲這和下句的「不剛」對應起來好些；訓「絿」從毛說，因爲《廣雅》訓「絿」爲「求」。「不求」是「不尋求」，也等如「不急於獲得」。④

　　馬瑞辰訓釋此句，甚有見地，高氏卻沒有引用，馬氏說：

　　　「競即爭競之義。《爾雅・釋言》：『競、逐，彊也。』競、倞通，《說文》、《廣雅》竝曰：『倞，彊也。』彊則易爭競矣。《說文》：『絿，急也。』義本《毛詩》。《廣雅》：『絿，求也。』蓋本《三家詩》。竊謂絿對競言，從《廣雅》訓求爲是。爭競者多驕，求人者多諂，競、求二義相對成文。與下句『不剛不柔』，《雄雉詩》『不忮不求』，《昭二十三年・左傳》『不懦不耆』，杜《注》：『耆，強也』，句法正同。至下章『不震不動』，震動謂驚憚，與下句『不戁不

　　悚』相對成文，與此章每句自對者異，此正足見詩

　　人行文之善變耳。」⑤

高氏和馬氏同以上下文句對應的角度來說《詩》，不過後者引

證較詳，況詩人作詩，多所變化，或本句自對，或隔句相對，

馬氏分析似較精當。另外，本《詩》四、五章皆寫成湯治國之

道，然重點有所不同，誠如竹添光鴻謂：

　　　　「『不競不絿』三句，治內也；『敷奏其勇』

　　　三句，治外也。治內之道，在中和；治外之道，在

　　　勇武。」⑥

如此看來，高氏訓此句為「不強勁，不急迫」，便無從顯出中

和之道，不若馬訓通達。

【註釋】

① 《十三經注疏》，上冊，頁626下。

② 同上。

③ 《詩集傳》，頁246。

④ 《高本漢詩經注釋》，下冊，頁1120。

⑤ 《毛詩傳箋通釋》，頁368上。

⑥ 《毛詩會箋》，冊5，頁2278。

結　論

高本漢《詩經》注釋中《雅》、《頌》部分，共有注釋八百多條，對《詩經》研究作出了重大的貢獻。由於時代久遠、說《詩》者意見紛紜、詩歌文字簡約等原因，訓釋《詩經》是一項極其艱巨的工作。因此，《雅》、《頌》注釋存在一些缺點，也在所難免，茲歸納高著可議之處如下：

（一）取捨各家說法，有過於主觀之處

高氏有一套很具系統的訓釋方法。他認為《詩經》中的內證最為有力；次者為同時期的書證；再次則從語源學和文字學來推斷經義。由此看來，高氏的訓釋有一定的客觀標準。然而，智者千慮，高氏也偶有取捨失當，流於主觀的情況。這種情況可見於《天保》"神之弔矣"條、《蓼蕭》"鞗革忡忡"條、《采芑》"亦集爰止"條、《車攻》"徒御不驚，大庖不盈"條、《小旻》"或聖或否，或哲或謀，或肅或艾"條、《文王》"萬邦作孚"條、《般》"允猶翕河"條。以上例子，高氏都在沒有充分的證據、嚴密的推論之下，妄作結論。

（二）對歷來説《詩》者的意見有所誤解

　　高氏釋《詩》，先羅列各家的說法，然後加以評價和取捨。他的主要根據包括《毛傳》、《鄭箋》、《孔疏》、《詩集傳》、《毛詩傳箋通釋》、《詩毛氏傳疏》等。但有些時候，高氏對以上說《詩》者的原文或有所誤解，或沒有縱觀全文，只作斷章取義的引錄，所以難以得出令人滿意的結論。這方面的例子有《鹿鳴》"食野之苹"條、《南有嘉魚》"嘉賓式燕又思"條、《雨無正》"旻天疾威"條、《小旻》"潝潝訿訿"條、《谷風》"維予與女"條、《四月》"爰其適歸"條、《小明》"畏此反覆"條、《甫田》"倬彼甫手，歲取十千"條、《大明》"聿懷多福"條、《靈臺》"於論鼓鐘"條、《既醉》"朋友攸攝"條、《抑》"哲人之愚，亦維斯戾"條、《臣工》"嗟嗟保介"條。

（三）處理本義、引申義、假借義有所疏略

　　高氏訓釋《詩經》詞句的其中一個原則，是盡量用本義來解說《詩經》的字詞。然而，古詩文中用引申義、假借義的情

況比比皆是，高氏有時過於執著用字的本義來訓釋，往往忽略
了引申義和假借義在《詩經》中的運用。忽略《詩經》用引申
義的例子有《四牡》"不遑將父"條、《天保》"俾爾戩穀"
條、《北山》"率土之濱"條、《卷阿》"顒顒卬卬"條。至
於處理假借義，高氏更有他一套"嚴謹"的理論①。他利用自
己建立的古音系統來批評前人的假借說，反對輕言假借，但每
有過於拘泥之弊，王力就指出高氏上古音擬測有不盡妥善之處
②。《詩經》中所用當為假借義而高氏不同意者，例子有《采
薇》"小人所腓"條、《小旻》"是用不潰于成"條、《假
樂》"威儀抑抑"條等。

（四）忽視上下文的連繫

　　《詩經》的內容十分豐富，或言情述懷，或敘史記事。篇
幅或長或短，然大部分詩歌皆上下緊接，章與章之間往往前後
呼應，存在內在的聯繫。高氏有時忽略了從整首詩去作全體觀
察，以致理解與上下詩義不相吻合。這種情況見於《六月》
"六月棲棲"條、《吉日》"悉率左右，以燕天子"條、《小
宛》"溫溫恭人，如集于木"條、《小弁》"相彼投兔，尚或

先之"條、《巧言》"僭始既涵"條、《隰桑》"德音孔膠"
條、《漸漸之石》"曷其沒矣"條、《文王》"有虞殷自天"
條、《大明》"時維鷹揚"條、《板》"反爾出王,及爾游
衍"條、《賚》"敷時繹思"條、《長發》"不競不絿"條。

（五）不明古代禮節民俗

　　《詩經》中不乏古人生活的真實紀錄,其中有不少地方反
映了古代的禮俗。高氏雖然學養深醇,但對中國文化時有隔
閡,因而導致有不諳禮俗而誤釋《詩》義的情況。例子見《都
人士》"謂之尹吉"、《大明》"文定厥祥"、《清廟》"對
越在天"、《臣工》"嗟嗟保介"等條。

（六）不諳古漢語語法

　　《詩經》時代已形成了固定的語法體系,所以探討《詩
經》中的詞性、虛詞、慣用句式等,對了解《詩》義有莫大的
幫助。然高氏對古漢語語法未有深入的研究,有時甚至硬套西
方語法來釋《詩》,以致迂曲難通。這方面的例子有《巷伯》

"豺虎不食,投畀有北,有北不受,投畀有昊"條、《蓼莪》
"欲報之德"條、《四月》"六月徂暑"條、《黍苗》"我任
我輦"條、《天作》"天作高山,大王荒之"條、《閔予小
子》"永世克孝"條。

(七)忽略《詩》的修辭效果

　　《詩三百》不但是重要的經籍,同時也是先秦的文學作
品。以詩歌作為體裁,《詩經》的文學成分顯然較其它同時期
的經籍為高。詩人所運用的修辭技巧極為豐富多變,較常見
有比興、倒裝、擬人、互文、借代等等。因此,注意詩人之修
辭方法,當可輔助考釋詩義,可惜高氏對這方面不大留意,常
常死板地作字面的解釋,出現以文害意之弊。例子有《小弁》
"弁彼鸒斯"條、《小弁》"不屬于毛,不罹于裏"條、《都
人士》"綢直如髮"條、《大明》"時維鷹揚"條。

(八)徵引例證有欠全面

　　高氏訓釋古義,素來重視證據,但有時在《詩經》或同時
期的典籍中有些有用的例證,高氏卻略而不錄。《小宛》"飲

酒溫克"條、《巧言》"遇犬獲之"條、《小珝》"式穀以
女"條、《頍弁》"實維何期"條、《文王》"刑儀文王"
條、《板》"及爾出王……及爾游衍"條都是這方面的例子。

（九）沒有詳細考核《詩》旨

先了解詩歌的主旨，釋義的工作便能事半功倍。尤其針對
一些有歧解的字，結合《詩》旨來解說，取捨往往令人信服。
高氏有時忽略了《詩》旨和《詩經》詞義之間的關係，例子有
《南有嘉魚》"嘉賓式燕又思"條、《載見》"載見辟王"
條、《載芟》"匪且有且，匪今斯今"條。

（十）過於輕視古代字書在訓詁學上的作用

高氏說：

"清代學者對於古字典和他們的定義，都懷有
迷信性的尊重心。只要一個字義是見於《爾雅》、
《說文》，或者是《廣雅》的，就不會有人來懷疑
他；並且那個字可以那麼講，也就從此定案了。這
是由於他們對些字典的認識錯誤而來的。假若那些

字典真是周代和漢代的活的語言的紀錄（一般以為
《爾雅》是戰國時期的作品，《說文》作於漢
代），那麼對於難字難句的解釋，他們當然有很大
的價值，正如《方言》中著錄的漢代中期的許多字
的通行的意義和用法，極有價值。……可是《爾
雅》、《說文》和《廣雅》卻不是和《方言》同一
類型的字典。他們實在是把經典中的注釋抽出來，
有系統的加以編排的字典：這是許多清代學者充分
的與以證明的事實。如段玉裁、桂馥、王筠、朱駿
聲之於《說文》；邵晉涵、郝懿行之於《爾雅》；
王念孫之於《廣雅》———都曾耐心的從經典裏
面，替每一個字都找出他們的根源來。由此說來，
這些字典所著錄的字，和《方言》裏著錄的字，性
質並不一樣。大體上，他們都和《毛傳》、《鄭
箋》，或其他古傳注中的注釋是二而一的。假如我
們對《毛傳》的注釋存有懷疑，從《爾雅》或《說
文》裏再引出和他相同的說法，並不足以決定就是
他對了。那種引證只表示《毛傳》之外，別的注家
也有同樣的意見而已。"③

高氏認為其他典籍的旁證，價值遠較字書中的釋義為高，這無疑是很有見地的看法，然而他實在過於輕視字書的價值用。特別值得一提的是，《說文解字》的性質，根本與《爾雅》、《廣雅》不同。《說文》是一部因形求義的字書，不單單是經典注釋的抽錄，因此有一定的參考價值，不宜一筆抹殺。

　　總括而言，高本漢的《詩經注釋》是學術價值甚高的著作。他運用科學化、系統化的研究方法，使不少眾說紛紜，懸而未決的《詩》義問題得到解決。高本漢《詩經注釋》在《詩經》研究上作出了重大的貢獻，是不能否認的事實。本書從《詩經注釋》的《雅》、《頌》部分，抽出八十二條可商者，反覆推敲，訂正高說之誤，旨在以燕石之瑜，補琬琰之瑕。高氏的成就，當然不會因此而有所減損。

【註釋】

① 詳參《先秦文獻假借字例‧緒論》，載《先秦文獻假借字例》，上冊，頁1－56。

② 王力指出高氏對上古韻部、聲母的擬測，皆表現出形式主義。說詳王著《漢語史稿》，上冊，頁64、68。

③ 《高本漢詩經注釋‧序言》，頁22。

參考資料

甲、中文參考書目 (按書名筆畫序)

《十三經注疏》 阮元校刻 北京　中華書局　1980年

《卜辭通纂》 郭沫若著　北京　科學出版社　1983

《三百篇演論》 蔣善國著　臺北　商務印書館 1969年

《三家詩遺考》 陳喬樅著　載《皇清經解續編》冊16 臺北
　　復興書局　1972年

《文言文虛詞大詞典》 高樹藩編纂　湖北　湖北教育出版社
　　1991年

《文字訓詁論集》 劉又辛著 北京　中華書局　1993年

《文字韻訓詁筆記》 黃侃述 黃焯編 上海 上海古籍出版社
　　1983年

《文學名著第一二集合集》《楚辭注八種》 楊家駱主編臺北
　　世界書局　1981年

《文學名著第五集》《述學·容甫遺詩》 楊家駱主編臺北
　　世界書局　1962年

《中國訓詁學史》 胡樸安著 上海　上海書店　1984年

《中國語文論稿》 單周堯著　香港　現代教育出版社1988年

《毛詩本義》 歐陽修著　載《通志堂經解》冊16　臺北 大通
　　書局　1969年

《毛詩故訓傳》 段玉裁著　載《皇清經解》冊9　臺北復興書
　　局　1972年

《毛詩重言通釋》 李雲光著 臺北 商務印書館 1978年

《毛詩後箋》 胡承珙著　載《皇清經解續編》冊7　臺北 復
　　興書局　1972年

《毛詩訓詁研究》 馮浩菲著　武昌　華中師範大學出版社
　　1988年

《毛詩紬義》 李黼平著 載《皇清經解》19冊　臺北復興書局
　　1972年

《毛詩傳箋通釋》 馬瑞辰著 臺北　廣文書局有限公司1971年

《毛詩傳箋通釋析論》 洪文婷著　臺北　文津出版社1993年

《毛詩解頤》 朱善著　載《通志堂經解》冊18　臺北大通書
　　局　1969年

《毛詩會箋》 竹添光鴻著 臺北　大通書局　1975年

《毛詩質疑》 牟應震著　濟南　齊魯書社　1991年

《毛詩稽古編》　陳啓源著　　載《皇淸經解》冊2　　臺北　復興
　　書局　　1972年

《毛鄭詩考正》　載震著　　載《皇淸經解》冊9　　臺北復興書
　　局　　1972年

《古今字音對照手冊》　丁聲樹編錄　　　李榮參訂　香港太平書
　　局　　1976年

《古史辨》　顧頡剛等編　香港　太平書局　　1962－63年

《古代漢語貌詞通釋》　葉萌著　濟南　　山東文藝出版社1993年

《古字通假會典》　高亨纂著　濟南　　齊魯書社　　1989年

《古漢語反訓集釋》　徐世榮著　合肥　安徽教育出版社1989年

《古漢語多用通假字典》　張軍、劉乃叔著　　長春　　東北師範
　　大學出版社　　1991年

《甲骨文字典》　徐中舒編著　成都　　四川辭書出版社1988年

《甲骨文字集釋》　李孝定編述　　臺北　　中央研究院歷史語言
　　研究所 1974年

《甲骨文編》　孫海波編　北京中華書局　　1989年

《同源字典》　王力著　北京　　商務印書館　　1982年

《先秦語法》　易孟醇著　　長沙　　湖南教育出版社1989年

《青銅時代》　郭沫若著　上海　　群益出版社　　1947年

《金文常用字典》 陳初生編纂 西安 陝西人民出版社 1987
　　年

《金文詁林》 周法高主編 張日昇、徐芷儀、林潔明編纂
　　香港 香港中文大學 1974－75年

《金文詁林補》 周法高編撰 臺北 中央研究院歷史語言研究
　　所 1982年

《金文編》 容庚編著 張振林、馬國權摹補 北京 中華書
　　局 1985年

《春秋左傳注》 楊伯峻著 北京 中華書局 1981年

《春秋左傳詞典》 楊伯峻、徐提編 北京 中華書局1985年

《後漢書》 范曄著 北京 中華書局 1973年

《訓詁方法論》 陸宗達 王寧著 北京 中國社會科學出版
　　社 1983年

《訓詁通論》 吳孟復著 合肥 安徽教育出版社1983年

《訓詁學概要》 林尹著 臺北 正中書局 1972年

《訓詁學概論》 黃典誠著 福州 福建人民出版社1988年

《訓詁學綱要》 趙振鐸著 西安 陝西人民出版社1987年

《高本漢左傳注釋研究》 麥淑儀著 香港 香港大學碩士論
　　文 1984年

《高本漢〈左傳注釋〉研究》　黃翠芬著　臺北　國立臺灣大
　　學碩士論文　1994年

《高本漢書經注釋研究》　陳遠止著　香港　香港大學博士論文
　　1994年

《高本漢詩經注釋》上、下冊　高本漢著　董同龢譯　臺北
　　國立編譯館中華叢書編審委員會　1979年

《常用字引申義辭典》　王群主編　長春　吉林人民出版社
　　1992年

《國風毛序朱傳異同考析》　李家樹著　香港　學津出版社
　　1979年

《國風選譯》　陳子展著　上海　上海古籍出版社　1983年

《虛詞詁林》　俞敏監修、謝紀鋒編纂　哈爾濱　黑龍江人民
　　出版社　1992年

《詞詮》　北京　中華書局　1965年　楊樹達著

《詩三百篇探故》　朱東潤著　上海　上海古籍出版社1981年

《詩三百精義述要》　盛廣智著　長春　東北師範大學出版社
　　1988年

《詩三家義鉤沉》　王先謙著　香港　中華書局　1986年

《詩毛氏傳疏》　陳奐著　載《皇清經解續編》冊12臺北　復
　　興書局　1972年

《詩地理徵》　朱右曾著　載《皇清經解續編》冊15臺北　復
　　興書局　1972年

《詩名物證古》　俞樾著　載《皇清經解續編》冊19臺北　復
　　興書局　1972年

《詩言志辨》　朱自清著　臺北　開明書店　1975年

《詩書成詞考釋》　姜昆武著　濟南　齊魯書社　1989年

《詩補傳與戴震解經方法》　岑溢成著　臺北　文津出版社
　　1992年

《詩義會通》　吳闓生著　香港　中華書局　1961年

《詩集傳》　朱熹著　香港　中華書局　1983年

《詩經二雅選評》　王守民著　西安　陝西師範大學出版社1989
　　年

《詩經小學》　段玉裁著　載《皇清經解》冊9　臺北復興書
　　局　1972年

《詩經六論》　張西堂著　香港　文昌出版社　出版年月缺

《詩經今注》　高亨注　上海　上海古籍出版社　1980年

《詩經毛傳鄭箋辨異》 文幸福著 臺北 文史哲出版社1989
　　年

《詩經主題辨析》 李中華、楊合鳴著 南寧 廣西教育出版
　　社 1989年

《詩經末議》 韓明安、林祥征著 哈爾濱 黑龍江人民出版社
　　1991年

《詩經古今音手冊》 向熹編著 天津 南開大學出版社1988年

《詩經古義新證》 季旭昇著 臺北 文史哲出版社1994年

《詩經句法研究》 楊合鳴著 武昌 武漢大學出版社1993年

《詩經地理考》 任遵時著 臺北 三民書局 1978年

《詩經全譯》 金啓華著 香港 中華書局 1986年

《詩經名著評介》 趙制陽著 臺北 學生書局 1983年

《詩經名篇詳析》 尹建章、蕭月賢著 鄭州 中州古籍出版社
　　1993年

《詩經注析》 程俊英、蔣見元著 北京 中華書局1991年

《詩經的歷史公案》 李家樹著 臺北 大安出版社1990年

《詩經相同句及其影響》 裴普賢著 臺北 三民書局有限公
　　司 1974年

《詩經研究》 白川靜著　杜正勝譯　臺北　幼獅文事業公司
　　1982年

《詩經研究》 李辰冬著　臺北　水牛圖書出版事業有限公司
　　1990年

《詩經研究》 李湘著 開封　河南大學出版社　1990年

《詩經研究》 黃振民著　臺北　正中書局　1982年

《詩經研究》 謝無量著　香港　商務印書館　1973年

《詩經研究方法論》 李辰冬著 臺北 水牛出版社1978年

《詩經研究反思》 趙沛霖著 天津　天津教育出版社1898年

《詩經研究概觀》 韓明安編著　哈爾濱 黑龍江教育出版社
　　1988年10月版

《詩經研究論集》 林慶彰編 臺北　學生書局　1983年

《詩經研讀指導》 裴普賢著　臺北　東大圖書股份有限公司
　　1987年

《詩經原始》 方玉潤著 臺北　藝文印書館 1969年

《詩經新評價》 高葆光著　臺中　中央書局 1969年

《詩經新解》 翟相君著　鄭州　中州古籍出版社1993年

《詩經新解與古史新論》 駱賓基著　太原 山西人民出版社
　　1985年

《詩經探微》　袁寶泉、陳智賢著　　廣州 花城出版社1987年

《詩經通解》　林義光著　臺北　中華書局　1986年

《詩經通論》　姚際恆著　臺北　　河洛圖書出版社1978年

《詩經通譯新銓》　黃典誠著 上海　　華東師範大學出版社
　　1992年

《詩經通釋》　王靜芝著 臺北 輔仁大學文學院 1985年

《詩經異文考》　李富孫著　　載《皇清經解續編》冊9臺北
　　復興書局　1972年

《詩經評釋》　朱守亮著　臺北　　學生書局　1988年

《詩經詞典》　向熹編 成都　四川人民出版社 1986年

《詩經詞典》　董治安主編 濟南　　山東教育出版社1989年

《詩經補注》　載震著　載《皇清經解》冊9　臺北 復興書局
　　1972年

《詩經韻讀》　王力著 上海　　上海古籍出版社　1980年

《詩經解說》　陳鐵鑌著 北京 書目文獻出版社 1985年

《詩經語言研究》　向熹著　成都 四川人民出版社1987年

《詩經語言藝術》　夏傳才著 北京　語文出版社1985年

《詩經與周代社會研究》　孫作雲著 北京　中華書局1979年

《詩經傳譯解》上、下冊　傅隸樸著 臺北 商務印書館1985年

《詩經稗疏》 王夫之著 載《皇清經解續編》冊1　臺北復興書
　　局　1972年

《詩經導讀》　　陳子展、杜月村著 成都　巴蜀書社1990年

《詩經辨義》 蘇東天著 杭州 浙江古籍出版社 1992年

《詩經選》 余冠英注譯　北京　人民文學出版社1979年

《詩經選注》 屈萬里著 臺北 國立編譯館 1959年

《詩經選譯》 程俊英、蔣見元譯注 成都 巴蜀書社1990年

《詩經學》 胡樸安著　臺北　商務印書館　1978年

《詩經學論叢》 江磯編 臺北　崧高書社股份有限公司1985年

《詩經學導讀》 金公亮著　臺北　河洛圖書出版社1978年

《詩經關鍵問題異議的求徵》 朱子赤著 臺北　文史哲出版社
　　1984年

《詩經譯注》（雅、頌部分）　袁梅著　濟南　齊魯書社出版
　　社　1982年

《詩經釋義》 屈萬里著　臺北　中國文化大學出版部1988年

《詩經鑒賞集》 人民文學出版社編輯部編 北京　人民文學出
　　版社　1986年

《詩傳遺說》 朱鑑著　載《通志堂經解》冊17　臺北大通書
　　局　1969年

《詩說》 黃焯著 武漢 長江文藝出版社 1981年

《詩說》 惠棟著 載《皇清經解》冊3 臺北 復興書局 1972年

《詩語詞集釋》 劉光義著 臺北 商務印書館 1968年

《詩疑》 王柏著 載《通志堂經解》冊17 臺北 大通書局 1969年

《詩緝》 嚴粲著 臺北 廣文書局有限公司 1970年

《詩聲類》 孔廣森著 載《皇清經解續編》冊3 臺北 復興書局 1972年

《群經平議》 俞樾著 載《皇清經解續編》冊20 臺北 復興書局 1972年

《揅經室文集》 阮元著 載《皇清經解》冊15 臺北 復興書局 1972年

《聞一多全集》 聞一多著 上海 開明書局 出版年月缺

《傳統以外的詩經學》 李家樹著 香港 香港大學出版社 1994年

《經詞衍釋》 吳昌瑩著 香港 太平書局 1977年

《經義述聞》 王引之著 江蘇 江蘇古籍出版社 1985年

《經傳釋詞》 王引之著 江蘇 江蘇古籍出版社 1985年

《經學研究論著目錄》(1912－1987) 林慶彰主編 臺北　漢學
　　研究中心　1989年

《經學歷史》 皮錫瑞著 北京　中華書局　1981年

《漢字古音手冊》 郭錫良著　北京　北京大學出版社1986年

《漢語音韻》 王力著 香港 中華書局 1973年

《漢語音韻學》 王力著 北京 北京出版社 1986年

《漢語音韻學》 李新魁著　北京　北京出版社 1986年

《漢語音韻學》　董同龢著　　臺北　　文史哲出版社 1980
　　年

《漢語語音史》 王力著 北京　中國社會科學出版社1985年

《漢語釋詞論文集》　黎錦熙著　北京 科學出版社1957年

《說文解字詁林》　丁福保編　　臺北 商務印書館1976年

《說文解字約注》 張舜徽著 洛陽 中州書畫社 1983年

《爾雅今注》 徐朝華注　天津　南開大學出版社1987年

《管錐篇》 錢鍾書著　香港　中華書局　1979年

《諸子集成》 中華書局編輯部編 香港　中華書局1979年

《論語譯注》 楊伯峻譯注 北京 中華書局　1983年

《廣雅疏證》 王念孫著 北京　中華書局　1983年

《鄭氏箋考徵》　陳奐著　　載《皇清經解續編》冊13臺北　復
　　興書局　1972年

《積微居小學述林》　楊樹達著　　北京　中華書局1983年

《積微居讀書記》　楊樹達著　北京　中華書局　1962年

《澤螺居詩經新證》　于省吾著　　北京　　中華書局1982年

《魏源全集‧詩古微》　魏源全集編輯委員會編　　長沙嶽麓書
　　社　1989年

《觀堂集林》　王國維著　北京　　中華書局　1959年

乙、中文參考論文 (按作者筆畫序)

丁忱　《〈詩經〉互文略論》　《武漢師院學報》1982年第3期

丁忱　《〈詩經〉通假論》　《華中師院學報》1982年第4期

丁聲樹　《〈詩經〉「式」字說》　《中央研究院歷史語言研
　　究所集刊》　第6本第4期

于省吾　《對於〈詩‧既醉〉篇舊說的批判和新的解釋》《學
　　術月刊》1962年第12期

于省吾　《〈詩經〉中「止」字的辨釋》　《中華文史論叢》
　　第3輯

方秋士　《毛詩假借字考》　《國學雜誌》第4、5期

毛毓松　《關於孔子詩學觀的評價》　《廣西師院學報》1981
　　　年第4期

江灝　《〈詩經〉中的重言》　《湖南師院學報》1982年第1期

平心　《〈詩經〉新解》　《中華文史論叢》第5輯

朱東潤　《詩大小雅說臆》　《武漢大學文哲季刊》第5卷第3期

李泉　《力創新義求真諦──評高亨的〈詩經今注〉》《蘇州
　　　大學學報》1982年第2期

李家樹　《談讀〈詩〉之法》　《文學遺產》1983年第2期

李添富　《詩經例外押韻現象之分析》　《輔仁學誌》第13期

李瑋　《〈詩經〉「載」字之分析》《清華月刊》第41卷第7期

吳世昌　《〈詩三百篇〉「言」字新解》　《燕京學報》第13期

吳世昌　《釋〈詩經〉之「于」》　《燕京學報》第21期

吳鷺山　《〈詩經〉學述評》《文獻》1980年第3期

呂思勉　《〈毛詩〉訓詁之誤》　《光華大學半月刊》第2卷第
　　　8期

呂恢文　《關於〈詩經〉的翻譯》　《文史哲》1958年第8期

屈萬里　《簡評高本漢的〈詩經注釋〉和〈英譯詩經〉》《國
　　　立中央圖書館館刊》第1卷第1期

屈萬里　　《先秦說詩的風尙和漢儒以詩教說詩的迂曲》《南
　　　　洋大學學報》第5期

周駿富　《清代〈詩經〉著述考》《人文學報》第3期

姜寶琦　《〈毛詩傳〉重言詞訓釋略說》《昆明師專學報》
　　　　1984年第6期

胡念貽　《論漢代和代宋代的〈詩經〉研究及其在清代的繼承
　　　　和發展》《文學評論》1981年第6期

胡蘊玉　《兩漢詩經學》《國學》第1卷第1期

胡蘊玉　《詩經文字學》《國學》第1卷第4期

段熙仲　《詩三百與顯學爭鳴、經師異義》《文學遺產》
　　　　1983年第1期

姚冠群　《〈詩經〉「于」字的用法分析》《西北師院學報》
　　　　1983年第1期

姚冠群　《〈詩經〉「于」的再討論》《社會科學》1983年第
　　　　3期

高亨　《〈詩經〉引論》《文史哲》1956年第5期

高亨　《〈詩經〉續考》《文史哲》1980年第1期

高亨　《周頌考釋》《中華文史論叢》第4－－6輯

孫作雲《〈小雅·大東〉篇釋義》《文史哲》1956年第11期

孫作雲　《從讀史的方面談談〈詩經〉的時代和地域性義》
　　　《歷史教學》1957年第3期

孫作雲　《〈詩經〉的錯簡（關雎、卷耳、行露、皇皇者華、
　　　卷阿）》　《人文科學雜誌》1958年第1期

夏宗禹　《聞一多先生與〈詩經〉》《新建設》1958年第10期

夏傳才　《論宋學〈詩經〉研究的幾個問題》　《文學遺產》
　　　1982年第2期

夏傳才　《試論郭沫若對〈詩經〉研究的貢獻》　《文學評
　　　論》1982年第6期

夏傳才　《論清代〈詩經〉研究的繼承和革新》　《天津師院
　　　學報》1982年第4期

夏傳才　《胡適和古史辨派對〈詩經〉的研究》　《河北大學
　　　學報》1982年第4期

夏傳才　《〈詩經〉的「言志」與美刺》　《內蒙師大報》
　　　1983年第3期

夏傳才　《燕趙——〈詩經〉流傳和研究的故鄉》　《河北大
　　　學學報》1983年第4期

夏傳才　《先秦〈詩經〉研究的幾個問題》　《文學遺產》
　　　1984年第1期

晁福林　《〈商頌〉難句試釋》　《學術研究》1984年第4期

徐仁甫　《〈詩經〉疑義解析》　《中華文史論叢》1980年
　　　第3輯

章奎森　《毛詩鄭箋破字解》　《國學》第1期

張可求　《從「詩經引論」「詩經選注」來看高亨先生的學術
　　　思想》　《山東大學學報》1959年第1期

張世祿　《〈詩經〉篇中所見之周代政治風俗》　《史地學
　　　報》第4卷第1期

張啓成　《〈詩經〉逸詩考》　《貴州文史叢刊》1984年第4期

張碧波　《〈詩經〉研究中的幾個問題》　《哈爾濱師院學報》
　　　1977年第4期

張壽林　《〈詩三百篇〉之篇名》　《女師學院期刊》第3卷2期

張壽林　《〈三百篇〉助詞解釋──釋思、哉》　《女師學院
　　　期刊》第2卷2期

張壽林　《清代詩詩經著述考略》　《燕京大學圖書館館報》
　　　第13期

黃侃　《詩經序傳箋略例》　《蘭州大學學報》1982年第3期

黃高憲　《〈詩經〉數詞量詞的用法及特點》　《福建論壇》
　　　1982年第1期

黃焯　《毛詩箋疏質疑》　《武漢大學人文科學學報》1957
　　年第1期

黃焯　《詩經序傳箋略例續》　《蘭州學刊》1982年第2期

黃廣生　《〈詩經〉中的「所」字用法初探》　《吉林大學社
　　會科學學報》1962年第3期

培五　《詩三百篇義旨參考書目備要》　《中原文化》第14期

常教　《魯頌考辨》　《文獻》1983年總第15期

崔叔暹　《略談〈詩經〉的用韻》　《江海學刊》1958年第7期

陳子展　《〈詩·周頌〉兩篇譯解》　《今昔談》1982年第4期

陳允吉　《陳子展教授與〈詩經〉研究》　《復旦學報》
　　1980年第5期

陳友琴　《詩三百篇與長短句》　《青年界》第4卷第4期

陳柱　《姚際恆〈詩經通論〉述評》　《東方雜誌》第24卷第7號

陳舜政　《高本漢著作目錄》　《書目季刊》第4卷第1期

陳紹棠　《〈詩序〉和「淫詩」》　《中國學人》1970年第1期

陳新雄　《古音學與詩經》　《輔仁學誌》第12期

陳夢家　《釋詩經之「于」》　《燕京學報》第21期

陳應棠　《毛詩訓詁釋例──字形之訓》　《大陸雜誌》第32
　　卷第11、12期

陳鐘凡　《詩經毛詩改字釋例》　《國學叢刊》第1卷第1期

陸志韋　《詩韻譜》　《燕京學報》專號21期

陸侃如　《三頌研究》　《國學月報報》第1集

陸侃如　《詩經參考書提要》　《國學月報匯刊》第1集

陸侃如　《大小雅研究》　《小說月報》第19卷第9號

湯斌　《〈詩經〉中「止」字的本義、引申義、假借義》《蘭
　　州大學學報》1982年第1期

賀凱　《論〈詩經‧小雅〉》　《山西師院學報》1957
　　年第1期

賀凱　《詩經中的重言詞和聯綿詞的分合運用》　《山西師院
　　學報》1959年第2期

萬曼　《詩經的史研究》　《文史》第1卷第2、3期

傅斯年　《宋朱熹的詩經集傳和詩序辨》　《新潮》第1卷第4
　　號

程俊英　《歷代〈詩經〉研究評述》　《華東師範大學學報》
　　1982年第3期

程俊英　《〈詩經‧小雅‧大車〉淺析》　《文史知識》1984
　　年第1期

程俊英 《論徐光啓的〈詩經〉研究》 《中華文史論叢識》
　　　1984年第3輯

程湘清 《〈詩經〉中的「過渡詞」》 《語文研究》1982
　　　年第1輯

褚斌杰 《〈詩經〉中的周代天命觀及其發展變化》 《北京
　　　大學學報》1983年第6期

載璉璋 《詩經語法研究》 《中國學術年刊》第1期

董同龢 《上古音韻表稿》 《中央研究院歷史語言研究所集
　　　刊》第18本

翟相君 《〈小雅‧黃鳥〉臆斷》 《天津師範大學學報》
　　　1984年第5期

裴普賢 《詩經兮字研究》 《大陸雜誌》第28卷第3、4期

諸祖耿 《試論〈詩經〉裏的「言”字》 《江海學刊》1962
　　　年第5期

鄭志國 《〈詩經〉崇尚壯大美》 《求索》1983年第5期

憩之 《〈周頌‧臣工篇〉發微》 《文學遺產增刊》第4輯

黎錦熙 《三百篇之「之」》 《燕京學報》第6期

劉斯翰 《先秦儒家詩論之產生和發展》 《學術研究》1984
　　　年第4期

蕭海波、蕭海峰　《〈詩經〉「之」用法初探》　《武漢大學學報》1982年第4期

錢小雲　《詩經助詞》　《南京師院學報》1979年第1期

錢穆　《讀詩經》　《新亞學報》第5卷第1期

謝佐禹　《詩經與楚辭助字之比較》　《國學叢刊》第1卷第3期

應華　《議〈小雅‧無羊〉》　《河大北大學學報》1984年第1期

韓明安　《試談詩經中「君子」的涵義》　《學習與探索》1981年第4期

魏佩蘭　《毛詩序傳違異考》　《大陸雜誌》第33卷第8期

羅邦柱　《毛詩疊音詞淺說》　《學術論壇》1981年第3期

羅邦柱　《〈毛傳〉釋義條補述》　《武漢大學學報》1984年第3期

丙、英文參考資料

Dobson, W.A.C.H. : *The Language of the Book of Songs* (Toronto: University of Toronto Press, 1968)

Granet, Marcel : *Festival and Songs of Ancient China* (London: George Routledge & Sons Ltd, 1932)

Legge, James: *The Chinese Classics* Vol. IV *The She King* (Hong Kong: Hong Kong University Press, 1960)

Karlgren, Bernhard: *Analytic Dictionary of Chinese and Sino-Japanese* (Paris : Librairie Orientaliste Paul Geuthner, 1923)

Karlgren, Bernhard: "On the Script of the Chou Dynasty", *Bulletin of the Museum of Far Eastern Antiquities*, Vol. 8 (1936)

Karlgren, Bernhard: "Glosses on the Book of Documents", *Bulletin of the Museum of Far Eastern Antiquities*, Part I Vol.20 (1948); Part II Vol. 21 (1949)

Karlgren, Bernhard: "Glosses on the Kuo feng Odes", *Bulletin of the Museum of Far Eastern Antiquities*, Vol. 14 (1942)

Karlgren, Bernhard: "Glosses on the Ta ya and Sung Odes", *Bulletin of the Museum of Far Eastern Antiquities*, Vol. 18 (1946)

Karlgren, Bernhard: "Glosses on the Tso-chuan", *Bulletin of the Museum of Far Eastern Antiquities*, Part I Vol.41 (1969); Part II Vol. 42 (1970)

Karlgren, Bernhard: "Glosses on the Siao ya Odes", *Bulletin of the Museum of Far Eastern Antiquities*, Vol. 16 (1944)

Karlgren, Bernhard : "Grammata Serica Recensa", *Bulletin of the Museum of Far Eastern Antiquities*, Vol. 29 (1957)

Karlgren, Bernhard : *Grammata Serica-Script and Phontics in Chinese and Sino-Japanese* (Gothenbury: Elanders Boktryckeri A.-B. , 1940)

Karlgren, Bernhard: "The Book of Odes Kuo feng and Siao ya", *Bulletin of the Museum of Far Eastern Antiquities*, Vol. 16 (1944)

Karlgren, Bernhard: "The Book of Odes Ta ya and Sung", *Bulletin of the Museum of Far Eastern Antiquities*, Vol. 17 (1945)

Waley, Arthur: *The Book Of Songs* (London: George Allen & Unwin Ltd; Boston: The Houghton Mifflin Company, 1937)

丁、日文參考資料

《詩經全釋》　境武男著　　東京　汲古書院　1984年

《詩經研究》　諸橋轍次著　東京　目黑書店 1922年

《詩經研究》　白川靜著　京都　朋友書店　1981年

《詩經講話》　鹽谷溫著　東京 弘道館 1935年